情報科教育研究 I

情報科教育法

松原 伸一 著

開隆堂

まえがき

　教科「情報」は，高等学校に設けられた新しい教科で，平成15年度より年次進行により実施されるため，その教員養成が急務である。教科「情報」の教員養成に関しては，現職教員等を対象として，平成12年度から平成14年度までの3ヵ年にわたり，認定講習会が開催された。当初の予定では，全国で，各年度に3,000名ずつ，3ヵ年で9,000名の「情報」の免許取得者の養成を目指すこととされた。実際のところ，9,000名という全国の数値目標は達成できたが，都道府県別にみれば，その達成率は大きく異なっている。

　一方，大学における教科「情報」の教員養成は，各大学ごとに課程認定を受ける必要があり，この条件や日程が明らかになったのは，平成12年6月のことであった。筆者の勤務する大学でも，この時より1年程前から準備をすすめていたが，条件や課程認定の日程が明らかになったのを受け，課程認定のための作業を進めて，初年度からの開設を行うことができたのである。したがって，教科「情報」の教員養成は，最も早くて，平成13年度に授業科目が開設されることになる。

　従来の考え方をすれば，平成13年度の入学者から対象となるので，彼らが卒業するまでに4年間を要し，平成17年度の教員採用時まで待たなければならない。しかし，今回の課程認定では，教職などの多くの科目で改訂があり，困難が予想されるものの，原則として，その対象を在学者に拡大することができるようになった。筆者の勤務する大学学部では，当該年度入学者のみを対象にして年次進行で授業科目を順次開講するのではなく，平成13年度において在籍するすべての学生を対象にしているので，教科「情報」の免許取得に関わるすべての授業科目を，原則として，初年度から開講している。

　以上の理由から，情報科教育法も初年度（平成13年度）から開設している。情報科教育法は，春学期（前期）に情報科教育法Ⅰ（2単位）を，秋学期（後期）に情報科教育法Ⅱ（2単位）として開講している。

　平成13年度の受講者数については，情報科教育法Ⅰで59名，情報科教育法Ⅱで48名であった。また，平成14年度は，筆者の勤務する大学学部に加えて，立命館大学の理工学部（滋賀，びわこ草津キャンパス）および政策科学部（京都，衣笠キャンパス）の両学部でも授業を行うことになった。そこで，情報科教育法Ⅰの

場合，2大学3学部の3つの授業にわたる総受講者数は，112名で，秋学期（後期）の情報科教育法Ⅱでの総受講者数は，83名となった。結局のところ，平成13年度と14年度の2年間で，情報科教育法ⅠおよびⅡの受講者数（延数）は，300名を越えたのである。また，授業回数は，両年度を合計すると，情報科教育法ⅠおよびⅡは，それぞれ60回（1回の授業は90分）となり，あわせて，120回の授業を行ったことになるのである。

本学の学部では，平成14年度の卒業者から教科「情報」の免許取得者を出すことになり，授業開設からわずか2ヵ年で，教科「情報」の免許を取得するために努力した者がいるのである。これは，全国でも最も早い方になることだろう。

一方，大学院教育においては，全国に先駆けて，情報教育に特化した「情報教育専修」を設置し，教科「情報」の専修免許も取得できるようになったのである。第一期生となる平成13年度入学者には，認定講習で教科「情報」の1種免許を取得したものも含まれるので，平成14年度末には，全国で最初の専修免許取得者を出すことになるのである。

上記のように，本書は，学部における情報科教育法の授業経験をもとに，そして，大学院での情報教育専修の教育・研究の実績をもとにして執筆された。実際に授業を行う上で，使いやすいものはどういうものかという観点を重視して編集されたのである。

本書は，情報科教育研究Ⅰとして位置付けられ，いわゆる「情報科教育法」の授業の標準的テキストとして編集された。構成は，Part1からPart4の4つの区分からなり，それぞれを基礎編，応用編，発展編，資料編とした。Part1からPart3には，独立した8つの項目を配置しているため，授業の展開や内容配置の順序などに関して，自由に利用できるように工夫している。本書で情報科教育法Ⅰ（2単位）と情報科教育法Ⅱ（2単位）の両方の授業に対応している。

本書が，情報科教育の関係者だけでなく，広く情報教育に関心のある方々にとって一助となれば幸いである。

2003年1月26日

松原伸一

目　次

まえがき ……………………………………………………………… 3

Part1：情報科教育　基　礎　編 ………………………9

1-1　教科「情報」の概要 ……………………………………10
1. 教科「情報」の概要 ……………………………………10
2. 教科「情報」の教員にもとめられるもの ……………11

1-2　情報教育の歴史的経緯 …………………………………16
1. 平成元年（1989年）学習指導要領改訂に
至るまでの経緯 ………………………………………16
2. 平成10年（1998年）および平成11年（1999年）
学習指導要領改訂に至るまでの経緯 ………………19

1-3　情報教育の在り方と目標 ………………………………22
1. 情報教育の在り方 ……………………………………22
2. 情報教育の目標 ………………………………………23
3. 情報教育の体系 ………………………………………24

1-4　小・中学校における情報教育 …………………………26
1. 小学校における情報教育 ……………………………26
2. 中学校における情報教育 ……………………………26

1-5　高等学校　教科「情報」新設の趣旨と意義 …………32
1. 普通教科「情報」の新設とその意義 ………………32
2. 専門教科「情報」の新設とその意義 ………………34
コラム：ユビキタス ………………………………………36

1-6　普通教科「情報」の目標と科目編成 …………………37
1. 普通教科「情報」の目標 ……………………………37
2. 普通教科「情報」の科目編成 ………………………38
3. 普通教科「情報」の各科目 …………………………39
コラム：なぜ情報教育は必要か？ ………………………40

1-7　専門教科「情報」の目標と科目編成 …………………45

1. 専門教科「情報」の目標 …………………45
2. 専門教科「情報」の科目編成 ………46
3. 専門教科「情報」の各科目 …………47

1-8 問題解決 …………………………………52
1. 問題解決の重要性 ……………………52
2. 問題解決のプロセス …………………53
3. 教科「情報」における問題解決の学習 ………54

Part2：情報科教育　応用編 …………………59

2-1 情報の本質 …………………………………60
1. 情報の安定的考察 ……………………60
2. 情報の定量的考察 ……………………62

2-2 マルチメディアの本質 …………………66
1. マルチメディアの概念 ………………66
2. マルチメディアの情報量 ……………69

2-3 個人情報と著作権 ………………………72
1. 個人情報 ………………………………72
2. 個人情報の保護 ………………………73
3. 情報操作 ………………………………74
4. 知的所有権 ……………………………75

2-4 有害情報とセキュリティ対策 …………78
1. 違法・有害情報 ………………………78
2. コンピュータ犯罪とセキュリティ対策 ………79

2-5 評価と規準（基準）……………………84
1. 評　価 …………………………………84
2. 普通教科「情報」の目標と評価の観点 ………84
3. 中学校生徒指導要録と高等学校生徒指導要録の相違点 ……87
4. 普通教科「情報」の評価を行うにあたって──評価規準── …88

2-6 学習評価と授業改善 ……………………90
1. 学習評価 ………………………………90
2. 授業改善 ………………………………91

　　　　コラム：ディスプレイの解像度 ……………………93
　2-7　実習の取扱いと年間指導計画 ………………………**94**
　　　　1．実習の取扱い ………………………………………94
　　　　2．年間指導計画 ………………………………………95
　2-8　情報化に対応した教員 ………………………………**98**
　　　　1．指導力向上のために ………………………………98
　　　　2．求められる指導力とは ……………………………98
　　　　3．研修機会の充実 ……………………………………99
　　　　4．ティーム・ティーチングの活用 …………………100
　　　　5．研究授業・公開授業の開催 ………………………100
　　　　コラム：本質を考え抜く力――脳力 …………………101

Part3：情報科教育　発　展　編 ……………………**103**
　3-1　正しい情報は存在するか？ …………………………**104**
　　　　1．問題提起 ……………………………………………104
　　　　2．意見分布を調べるには？ …………………………104
　　　　3．正しいとは？ ………………………………………105
　　　　4．データと情報 ………………………………………105
　　　　5．事実とは？ …………………………………………107
　　　　6．正しい情報は存在しない？ ………………………108
　3-2　常識はいつまで通用するか？ ………………………**110**
　　　　1．コンピュータの誕生から社会の情報化 …………110
　　　　2．社会の情報化 ………………………………………112
　3-3　アントレプレナー的な発想を！ ……………………**116**
　　　　コラム：言葉は時代と共に！　時代は言葉と共に！ …121
　3-4　e-Learning と WBL …………………………………**122**
　　　　1．e-Learning と WBL の定義 ………………………122
　　　　2．WBL（Web Based Learning） ……………………122
　　　　3．ディジタル社会における学習形態 ………………126
　3-5　アナログとディジタルの相対性 ……………………**128**
　　　　1．アナログとディジタルの概念 ……………………128

　　　　2．アナログとディジタルの相対性……………………131
　　3-6　メディアリテラシー………………………………………132
　　　　1．メディアリテラシーの概念…………………………132
　　　　1．メディアリテラシーの8つのキーコンセプト　…134
　　3-7　ディベート………………………………………………136
　　　　1．情報教育におけるディベートの意義　……………136
　　　　2．ディベートを利用した学習活動の流れ……………137
　　　　3．ディベートの実践をクラスで行うには……………139
　　3-8　総合演習　………………………………………………140
　　　[演習課題1]　情報通信での匿名は，是か？　非か？…140
　　　[演習課題2]　メディアの伝える情報は，正しいか？…141
　　　[演習課題3]　効果的なプレゼンテーションを
　　　　　　　　　うための条件は？………………………141
　　　[演習課題4]　Webページをどのように評価するか？…142

Part4：情報科教育　資料編……………………………143

　　4-1　[資料]　情報化の進展に対応した初等中等教育における
　　　　　　　　情報教育の推進等に関する調査研究協力者会議
　　　　　　　　第一次報告（平成9年10月）………………144
　　4-2　[資料]　① 高等学校学習指導要領
　　　　　　　　第2章　第10節　情報（普通教科「情報」）
　　　　　　　② 高等学校学習指導要領
　　　　　　　　第3章　第7節　情報（専門教科「情報」）…148
　　4-3　[資料]　中学校学習指導要領
　　　　　　　　第2章　第8節　技術・家庭　………………167
　　4-4　[資料]　高等学校生徒指導要録に記載する事項等（抜粋）…173
　　4-5　[資料]　中学校生徒指導要録に記載する事項等（抜粋）…177
　　4-6　[資料]　情報科教育法Ⅰ・Ⅱの授業概要　……………180

索　引　　　　　　　　　　　　　　　　　　　　　182

Part 1

情報科教育　基礎編

1-1 教科「情報」の概要

1. 教科「情報」の概要

　高等学校段階は，初等中等教育における情報教育の完成の段階であり，すべての生徒に対し，情報社会に主体的に対応するために社会人として必要な能力と態度を育てなければならない。

> **情報教育の目標の3つの観点**
> 　（ア）情報活用の実践力
> 　（イ）情報の科学的な理解
> 　（ウ）情報社会に参画する態度

そのためには，情報教育の目標の3つの観点にある能力や態度を，バランスよく身に付けさせなければならない，と指導要領解説[1]に記されている。

　教科「情報」には，普通教科「情報」と専門教科「情報」がある。普通教科「情報」は，情報社会の一員としての必要な能力と態度を，生徒に確実に身に付けさせることにあり，生徒が興味・関心等に応じて選択的に履修できるように，「情報A」，「情報B」，「情報C」の3つの科目が設けられている。そして，高校の3年間の内に1科目以上を学習することになっているが，どの科目をどの学年で学習するかについては各学校によって異なる。「情報A」，「情報B」および「情報C」の3つの各科目の標準単位数は2単位なので，1ヵ年で学習するとすれば，週当たり2時間の時間が配当されることになる。

　情報教育の目標は，
　　（ア）情報活用の実践力
　　（イ）情報の科学的な理解
　　（ウ）情報社会に参画する態度
の3つの観点にまとめられ，情報A，情報B，情報Cのいずれの教科においても共通である。

　情報Aでは，これらの3つの観点の中でも特に(ア)に重点を置き，高校生としての日常生活で，コンピュータやインターネットを活用できるための学習活動を行う（12ページの**表1**参照）。

情報Bでは，上記の(イ)に重点を置き，コンピュータの機能や仕組み，内部でのデータ処理などについて科学的に理解し，コンピュータを利用して問題解決ができるようにするための学習活動を行う（**表2**参照）。

情報Cでは，上記の(ウ)に重点が置かれ，ネットワークを積極的に利用した学習内容になっている（**表3**参照）。

また，いずれの科目においても，情報社会で必要なルールやマナーについて取り扱うことになっている。

2. 教科「情報」の教員にもとめられるもの

教科「情報」を教える教師に求められるものは，
① 教科の内容に関する知識
② 教科の指導方法に関する知識
③ 教育に関する知識や見識

としてまとめることができる。教員養成の立場で表現すれば，教科に関するもの（①が該当）と教科教育に関するもの（②が該当），教職に関するもの（③が該当）となる。このことは，どの教科を教える教師にとってもそれぞれの教科について同様の知識や能力が必要であり，教員免許を取得するための必須要件でもある。参考として，筆者の勤務する大学で，教科「情報」の教員免許取得のために開設されている授業科目（学部）を**表4**に紹介しよう。この授業科目は，「指導方法に関するもの」と「教科の内容に関するもの」である。

また，教科「情報」の教師として，特に重視したいことは，(a)情報教育の意義を理解し，(b)高度情報通信社会をよりよく生き抜くための方法やその手段などを科学的な根拠に基づき選択し，(c)コンピュータなどの情報機器を十分に活用して，(d)自らの問題や課題に対して積極的に解決することができるための知識・技術を身に付けて経験を重ねること，である。

「情報」に関する専門知識や技能だけなら教師以外にも多くの技術者や研究者がいる。「情報」の教師としての専門性は，その指導法の知識や経験にある。「情報」の教師は，多様な高校生に対し，「情報」の本質を有効な手段を通して指導する能力が必要なのである[2]。

表1 情報 A

教　科	普通教科「情報」
科　目	情　報　A
教科・科目の 目標の要点	ア　日常生活や職業生活において，コンピュータや情報通信ネットワークなどの情報手段を適切に活用し，主体的に情報を収集・処理・発信できる能力を育成。 イ　情報および情報手段をより効果的に活用するための知識や技能を定着させ，情報に関する科学的な見方・考え方を育成。 ウ　情報化の進展が人間や社会に及ぼす影響を理解し，情報社会に参加する上での望ましい態度を育成。
内容構成の重点	ア，イ，ウの三つの視点を盛り込んでいるが，特にアに重点を置いた内容の構成とする。
目　標	コンピュータや情報通信ネットワークなどの活用を通して，情報を適切に収集・処理・発信するための基礎的な知識と技能を習得させるとともに，情報を主体的に活用しようとする態度を育てる。
内　容	**(1) 情報を活用するための工夫と情報機器** 　ア　問題解決の工夫 　イ　情報伝達の工夫 **(2) 情報の収集・発信と情報機器の活用** 　ア　情報の検索と収集 　イ　情報の発信と共有に適した情報の表し方 　ウ　情報の収集・発信における問題点 **(3) 情報の統合的な処理とコンピュータの活用** 　ア　コンピュータによる情報の統合 　イ　情報の統合的な処理 **(4) 情報機器の発達と生活の変化** 　ア　情報機器の発達とその仕組み 　イ　情報化の進展が生活に及ぼす影響 　ウ　情報社会への参加と情報技術の活用
実　習	授業時数の2分の1以上
標準単位数	2単位

表2 情 報 B

教　科	普通教科「情報」
科　目	情　報　B
教科・科目の目標の要点	ア　日常生活や職業生活において，コンピュータや情報通信ネットワークなどの情報手段を適切に活用し，主体的に情報を収集・処理・発信できる能力を育成。 イ　<u>情報および情報手段をより効果的に活用するための知識や技能を定着させ，情報に関する科学的な見方・考え方を育成。</u> ウ　情報化の進展が人間や社会に及ぼす影響を理解し，情報社会に参加する上での望ましい態度を育成。
内容構成の重点	ア，イ，ウの三つの視点を盛り込んでいるが，特にイに重点を置いた内容の構成とする。
目　標	コンピュータにおける情報の表し方や処理の仕組み，情報社会を支える情報技術の役割や影響を理解させ，問題解決においてコンピュータを効果的に活用するための科学的な考え方や方法を習得させる。
内　容	(1) **問題解決とコンピュータの活用** 　ア　問題解決における手順とコンピュータの活用 　イ　コンピュータによる情報処理の特徴 (2) **コンピュータの仕組みと働き** 　ア　コンピュータにおける情報の表し方 　イ　コンピュータにおける情報の処理 　ウ　情報の表し方と処理手順の工夫の必要性 (3) **問題のモデル化とコンピュータを活用した解決** 　ア　モデル化とシミュレーション 　イ　情報の蓄積・管理とデータベースの活用 (4) **情報社会を支える情報技術** 　ア　情報通信と計測・制御の技術 　イ　情報技術における人間への配慮 　ウ　情報技術の進展が社会に及ぼす影響
実　習	授業時数の3分の1以上
標準単位数	2単位

表3 情報 C

教 科	普通教科「情報」
科 目	情 報 C
教科・科目の目標の要点	ア　日常生活や職業生活において，コンピュータや情報通信ネットワークなどの情報手段を適切に活用し，主体的に情報を収集・処理・発信できる能力を育成。 イ　情報および情報手段をより効果的に活用するための知識や技能を定着させ，情報に関する科学的な見方・考え方を育成。 ウ　<u>情報化の進展が人間や社会に及ぼす影響を理解し，情報社会に参加する上での望ましい態度を育成。</u>
内容構成の重点	ア，イ，ウの三つの視点を盛り込んでいるが，特にウに重点を置いた内容の構成とする。
目　標	情報のディジタル化や情報通信ネットワークの特性を理解させ，表現やコミュニケーションにおいてコンピュータなどを効果的に活用する能力を養うとともに，情報化の進展が社会に及ぼす影響を理解させ，情報社会に参加するうえでの望ましい態度を育てる。
内　容	(1) 情報のディジタル化 　ア　情報のディジタル化の仕組み 　イ　情報機器の種類と特性 　ウ　情報機器を活用した表現方法 (2) 情報通信ネットワークとコミュニケーション 　ア　情報通信ネットワークの仕組み 　イ　情報通信の効果的な方法 　ウ　コミュニケーションにおける情報通信ネットワークの活用 (3) 情報の収集・発信と個人の責任 　ア　情報の公開・保護と個人の責任 　イ　情報通信ネットワークを活用した情報の収集・発信 (4) 情報化の進展と社会への影響 　ア　社会で利用されている情報システム 　イ　情報化が社会に及ぼす影響
実　習	授業時数の3分の1以上
標準単位数	2単位

表4 教科「情報」に関する授業科目

教職に関する科目		
科　　目	授業科目	単位
教育課程および指導法に関する科目	情報科教育法Ⅰ	2
	情報科教育法Ⅱ	2

教科に関する科目		
科　　目	授業科目	単位
情報社会及び情報倫理	情報社会と情報倫理	2
コンピュータ及び情報処理 （実習を含む）	コンピュータ及び情報処理	2
	コンピュータ概論	2
	情報処理実習	1
	情報科学実習	1
情報システム（実習を含む）	情報システム論	2
	情報システム・データベース実習	1
	情報検索実習	1
情報通信ネットワーク（実習を含む）	情報通信ネットワーク論	2
	情報通信ネットワーク実習	1
	ネットワーク利用論	2
	ネットワーク利用実習	1
マルチメディア表現及び技術 （実習を含む）	マルチメディア表現・技術	2
	マルチメディア表現実習	1
	マルチメディア技術実習	1
	モデル化とシミュレーション	2
情報と職業	情報と職業	2

参考文献

（1）文部省：高等学校学習指導要領解説情報編（平成12年3月），2000．

（2）松原伸一：新教科「情報」の指導にあたって，CHANNEL, Vol.1-1, pp.4-5, 2001.

問 題

　高等学校段階での情報教育として，教科「情報」に期待することを論説せよ。

1-2 情報教育の歴史的経緯

　我が国の学校教育における情報教育については，近年の2回にわたる学習指導要領の改訂が重要な意味をもつと考えて良いだろう。

　その一つは，平成元年（1989年）の学習指導要領の改訂（幼稚園，小学校，中学校，高等学校などが対象）であり，もう一つは，平成10年の学習指導要領の改訂（幼稚園，小学校，中学校が対象）および平成11年の学習指導要領の改訂（高等学校などが対象）である。

1．平成元年（1989年）学習指導要領改訂に至るまでの経緯

　表1は，平成元年（1989年）学習指導要領改訂に至るまでの経緯として，関係する答申や報告書等の一覧を示したものである[1]。これは，我が国における情報教育の第1段階として位置付けることができる。以降では，表1の中で特に関係が深いと思われるものをとりあげる。

ア．臨時教育審議会第一次答申　昭和60年（1985年）6月
　「社会の情報化を真に人々の生活の向上に役立てる上で，人々が主体的な選択により情報を使いこなす力を身に付けることが今後への重要な課題である」と提言し，学校教育における情報化の必要性を示している。

イ．情報化社会に対応する初等中等教育の在り方に関する調査研究協力者会議　第一次審議とりまとめ　昭和60年（1985年）8月
　社会の情報化の進展に伴う学校教育の在り方，すなわち，学校教育におけるコンピュータ利用等の基本的な考え方，小学校・中学校及び高等学校の各段階におけるコンピュータを利用した学習指導の在り方などについての提言を行っている。

ウ．臨時教育審議会第二次答申　昭和61年（1986年）4月
　「情報化に対応した教育に関する原則」として
　　ア．社会の情報化に備えた教育を本格的に展開する。

表1 情報教育に関わる答申・報告書等一覧

年月	タイトル	機関または発行所	代表者
1985.3 (S60)	教育におけるマイクロコンピュータの利用について－報告－	社会教育審議会教育方法分科会	東 洋
1985.6 (S60)	教育改革に関する第一次答申	臨時教育審議会	岡本道雄
1985.8 (S60)	情報化社会に対応する初等中等教育の在り方に関する調査研究協力者会議第一次審議とりまとめ	文部省初等中等教育局	
1985.12 (S60)	教育用ソフトウェアの開発指針（報告）	社会教育審議会（教育メディア分科会）	
1986.3 (S61)	新教育機器教育方法開発研究報告書	日本教育工学振興会 昭和60年度文部省委託事業	宮島龍興
1986.3 (S61)	諸外国の初等中等教育におけるコンピュータに関する教育の実態及び我が国の教育の在り方についての調査研究総論編，各論編	文部省科学研究費特定研究（1）研究成果報告書（東京工業大学）	坂元 昂
1986.4 (S61)	教育改革に関する第二次答申	臨時教育審議会	岡本道雄
1986.7 (S61)	中央教育審議会第一次答申		
1987.3 (S62)	初等中等教育のコンピュータに関する教育のカリキュラム開発等に関する基礎的研究	昭和61年度科学研究費補助金特定研究（1）研究経過ノート	坂元 昂
1987.3 (S62)	「新教育機器教育方法開発研究報告書」新教育機器を活用した効果的な教育方法開発研究	日本教育工学振興会 昭和61年度文部省委託事業	宮島龍興
1987.3 (S62)	情報化に対応する教育に関する研究調査報告書	臨時教育審議会 情報化に対応する教育研究会	坂元 昂
1987.4 (S62)	教育改革に関する第三次答申	臨時教育審議会	岡本道雄
1987.7 (S62)	情報教育小委員会 中間報告	日本教育大学協会全国技術・職業・職業指導部門情報教育小委員会	村田正雄
1987.8 (S62)	教育改革に関する第四次答申	臨時教育審議会	岡本道雄
1987.12 (S62)	教員の資質能力の向上方策等について	教育職員養成審議会答申	中川秀恭
1987.12 (S62)	幼稚園，小学校，中学校及び高等学校の教育課程の基準の改善について（答申）	教育課程審議会	福井謙一
1989.3 (H1)	学習指導要領 付学校教育法施行規則（抄）	文部省	

※「学校におけるプログラミング教育」（松原伸一著，オーム社，1990）より引用。

イ．すべての教育機関の活性化のために情報手段の潜在力を活用する。
　ウ．情報化の影を補い，教育環境の人間化に光をあてる。
が示されている。また，「情報活用能力」という概念を提示し，これが「情報リテラシーすなわち，情報及び情報手段を主体的に選択し，活用していくための個人の基礎的な資質」を意味するものとされた。これまでの「読み・書き・算盤」のもつ教育としての基礎的・基本的な部分をおろそかにすることなく，新たに「情報活用能力」を基本能力に加えられるべきであると記されている。

エ．教育課程審議会答申　昭和62年（1987年）12月
　「社会の情報化に主体的に対応できる基礎的な資質を養う観点から，情報の理解，選択，整理，処理，創造などに必要な能力及びコンピュータ等の情報手段を活用する能力と態度の育成が図られるよう配慮する」点が重要であると示されている。小学校においては，指導内容の明示はされていないが，むしろ，コンピュータを利用した教育による指導形態の柔軟化に重点が置かれている。中学校においては，「社会」では，公民的分野で国際化・情報化などの社会の変化をふまえるとされ，「数学」では，数の表現，方程式，関数，統計処理，近似値などの内容に関連づけてコンピュータ等を活用することについて配慮するとあり，「理科」では全般にわたり，各分野の指導に当たっては，コンピュータ等を活用するとある。「技術・家庭」においては，新領域「情報基礎」が設置された。他教科においても，コンピュータ等を利用した教育の積極的な導入が示されているが，これらが，方法としての導入にとどまっているのに対し，「情報基礎」は，このコンピュータに関わることも内容として加えられており，義務教育段階において唯一となっているのが特徴である。

2. 平成10年(1998年)および平成11年(1999年)学習指導要領改訂に至るまでの経緯

　平成10年（1998年）12月14日に幼稚園教育要領，小学校学習指導要領及び中学校学習指導要領が改訂され，平成11年3月29日に盲・聾・養護学校の学習指導要領とともに高等学校学習指導要領の全面的な改訂が行われた。情報教育の視点でみれば，「総合的な学習の時間」，中学校における「技術・家庭」科の「情報とコンピュータ」，高等学校における新教科「情報」の設置である。表2は，教科「情報」が新設され，その教員養成が実施されるまでの経緯を示すものである。以降では，特に重要なものを順にとりあげて説明する。

表2　高等学校における教科「情報」新設の経緯

年月日	項目	コメント
1996.7 (H8)	中央教育審議会第一次答申	21世紀を展望した我が国の教育の在り方について
1997.10 (H9)	「情報化の進展に対応した初等中等教育における情報教育の推進等に関する調査研究協力者会議」第一次報告	
1998.7 (H10)	教育課程審議会答申	教科「情報」の新設が確定
1998.8.5 (H10)	情報化の進展に対応した教育環境の実現に向けて～最終報告，「情報化の進展に対応した初等中等教育における情報教育の推進等に関する調査研究協力者会議」最終報告	
1998.12.14 (H10)	幼稚園教育要領，小学校学習指導要領及び中学校学習指導要領の改訂	
1999.3.29 (H11)	学校教育法の一部改正	
1999.3.29 (H11)	高等学校学習指導要領の改訂	教科「情報」の内容が確定
2000.2.28 (H12)	高等学校「情報」指導者研究協議会	主催：文部省，会場：神戸，平成12年2月28日～3月3日，後に東京でも開催

2000.3.31 (H12)	教育職員免許法等の一部を改正する法律等の公布について	文教教 232 号（教育助成局長）
2000.3.31 (H12)	高等学校学習指導要領解説情報編発行	事実上，5月発行
2000.5.10 (H12)	「情報」及び「福祉」の「教科に関する科目」に関する意見聴取について（照会）	日本教育大学協会近畿地区会長から会員大学学長宛文書，意見聴取，5月12日開催予定の近畿地区会で取りまとめるため
2000.6.6 (H12)	「教育職員免許法等の一部を改正する法律等の施行に伴う説明会の開催」について（案内）	課程認定についての説明の案内（6月26日東京で開催），施行規則の改正（平成12.6.29施行） 事務連絡（教育助成局教育職員課）
2000.6.26 (H12)	「教育職員免許法の一部を改正する法律等の施行に伴う説明会」開催	文部省教育助成局教職員課（課長，補佐，免許係長） 説明の概略　①免許法の改正について，②大学院修学休業制度について，③介護等体験について，④教養審答申（第3次答申）について概略説明 6月26日（月）虎ノ門ホールにて，13:30-16:00
2003.4 (H13)	高校における教科「情報」年次進行により段階的に適用	

ア　**中央教育審議会第一次答申**　平成8年（1996年）7月

「21世紀を展望した我が国の教育の在り方について」と題する答申の中で，国際化，情報化，科学技術の発展等社会の変化に対応する教育の在り方について述べられているが，特に情報教育に関連しては，①情報教育の体系的な実施，②情報機器，情報通信ネットワークの活用による学校教育の質的改善，③高度情報通信社会に対応する「新しい学校」の構築，④情報社会の「影」の部分への対応，の4点が示されている。

イ　**情報化の進展に対応した初等中等教育における情報教育の推移等に関する調査研究協力者会議の第一次報告**　平成9年（1997年）10月

この報告は，情報教育を具体的に理解する上で最も重要なものの一つといえる。ここには，情報教育の目標を①情報活用の実践力，②情報の科学的な理解，③情報社会に参画する態度，の3つの観点で整理している。①は，課題や目的に応じて情報手段を適切に活用することを含めて，必要な情報を主体的に収集・判断・表現・処理・創造し，受け手の状況などを踏まえて発信・伝達できる能力としている。②は，情報活用の基礎となる情報手段の特性の理解と，情報を適切に扱ったり，自らの情報活用を評価・改善するための基礎的な理論や方法の理解としている。③は，社会生活の中で情報や情報技術が果たしている役割や及ぼしている影響を理解し，情報モラルの必要性や情報に対する責任について考え，望ましい情報社会の創造に参画しようとする態度としている。

ウ　教育課程審議会答申　平成10年（1998年）7月

各学校段階及び各教科において「情報化への対応」を鮮明にし，体系的な情報教育の推進をあげている。特に，中学校では，技術・家庭科に「情報とコンピュータ」という内容を新たに設け，いっそうの充実をはかっている。また，高等学校においては，情報手段の活用を図りながら情報を適切に判断・分析するための知識・技能を習得させ，情報社会に主体的に対応する態度を育てるために，教科「情報」を新設し必修とすることが適当であるとされ，実質的に新教科「情報」の設置が決定したのである。

参考文献
(1) 松原伸一：学校におけるプログラミング教育～支援システムとその利用，オーム社，1990.

問題

情報教育の経緯について，自分としての意見を，①導入期，②充実期の2つに分けて整理して示せ。

※この項目は，松原伸一著「ディジタル社会の情報教育～情報教育を志す人のために」（開隆堂，2002）の「7.5　情報教育の歴史的経緯」を引用し，多少の加筆・修正を加えて編集を行ったものである。

1-3 情報教育の在り方と目標

1. 情報教育の在り方

　昭和60年（1985年）頃は，我が国の教育改革が本格化し，それに対応して情報教育に対する機運も弾みがかかった時であり，後に，情報教育元年と呼ばれたこともある。平成2年（1990年）7月に作成された「情報教育に関する手引き」は，まさに，日本の情報教育の在り方を示すものであったといって良いであろう。それから，永きの年月を経たが，平成14年6月に「情報教育の実践と学校の情報化」と題する「手引」がまとめられ，平成2年の時の「手引」と区別するために，**新「情報教育に関する手引」**と表現されている[1]。これによれば，情報教育は，特定の学習段階で完成するものではなく，小・中・高等学校段階を通じて体系的に実施することによって，生涯を通じて，情報を活用して自己の行き方や社会を豊かにするための基礎・基本を培うことが必要であるとされる。また，情報教育は，「生きる力」の重要な要素として，中学校技術・家庭科や高等学校情報科にとどまらず，教育活動全体を通じて，「情報活用能力」を育成することとされる。また，情報教育と対比されるものに，「教育の情報化」があげられる。教育の情報化は，情報化に対応する教育とも言われ，その目的は，①子どもたちの情報活用能力の育成に加え，②各教科の目標を達成する際に効果的に情報機器を活用することを含んでいる。従って，「教育の情報化」は，「情報教育」を包含すると考えてよいだろう。

表1　情報教育に関する資料

資　料　名	参照項目
● 情報化の進展に対応した初等中等教育における情報教育の推進等に関する調査研究協力者会議　第一次報告	4-1
● 高等学校学習指導要領　第2章　第10節　情報（普通教科「情報」） 高等学校学習指導要領　第3章　第7節　情報（専門教科「情報」）	4-2
● 中学校学習指導要領　第2章第8節　技術・家庭	4-3
● 新「情報教育の手引き」（文部科学省，2002）	※1-4

※資料の原文は掲載していない。

2. 情報教育の目標

「情報化の進展に対応した初等中等教育における情報教育の推進等に関する調査研究協力者会議（以降では，情報教育調査研究協力者会議または簡単に，協力者会議と呼ぶことにする）は，第一次報告「体系的な情報教育に向けて」としてまとめ，情報教育についての体系的な在り方を示している。これまでは，教育者・研究者などの多くの関係者の間で，情報教育に関して多様な意見が活発に行われてきたところであるが，この報告は，我が国の情報教育の在り方に関する方向性を初めて体系的に示したものとして注目に値するものである。この報告は，情報教育の目標を，**①情報活用の実践力，②情報の科学的な理解，③情報社会に参画する態度**，の3つの観点にまとめている[2]。

表2　情報教育の目標における3つの観点（略称）とその説明

3つの観点（略称）	3つの観点
①情報活用の実践力	課題や目的に応じて情報手段を適切に活用することを含めて，必要な情報を主体的に収集・判断・表現・処理・創造し，受け手の状況などを踏まえて発信・伝達できる能力
②情報の科学的な理解	情報活用の基礎となる情報手段の特性の理解と，情報を適切に扱ったり，自らの情報活用を評価・改善するための基礎的な理論や方法の理解
③情報社会に参画する態度	社会生活の中で情報や情報技術が果たしている役割や及ぼしている影響を理解し，情報モラルの必要性や情報に対する責任について考え，望ましい情報社会の創造に参画しようとする態度

①は，「課題や目的に応じて情報手段を適切に活用することを含めて，必要な情報を主体的に収集・判断・表現・処理・創造し，受け手の状況などを踏まえて発信・伝達できる能力」であり，これは，**「情報活用の実践力」**と呼ばれている。

ここに示されている「課題や目的に応じて情報手段を適切に活用すること」とは，課題や目的に合った手段は何かということを考えることであり，根底には，コンピュータや情報通信ネットワークが提供する新たな可能性や社会状況があり，それを意識した指導が必要であるが，このような情報手段を使うとか使わないとかという

判断もこの中に含まれると考えられている。

　②は,「情報活用の基礎となる情報手段の特性の理解と,情報を適切に扱ったり,自らの情報活用を評価・改善するための基礎的な理論や方法の理解」であり,これは,**「情報の科学的な理解」**と呼ばれている。

　課題や目的に応じて情報を活用する際,「情報手段の適切な活用」を重視する必要があり,その際に,情報技術を活用すべきか否かを判断したり,また,効果的に活用するにはどのようにすればよいかを考えることができるようになるということである。そのためには,情報に関わる学問の成果を適切に教育内容や方法に取り込み,情報活用の経験の裏付けとなる基礎理論や手法などと関連させることが大切である。例えば,様々な情報手段において共通の原理や仕組みを理解させることで,情報手段を活用する能力の一般化(客観化)をはかることができ,これが,科学的な理解につながるものと考えられる。

　③は,「社会生活の中で情報や情報技術が果たしている役割や及ぼしている影響を理解し,情報モラルの必要性や情報に対する責任について考え,望ましい情報社会の創造に参画しようとする態度」であり,これは,**「情報社会に参画する態度」**と呼ばれる。望ましい情報社会を創造しそれを維持するためには,その社会を構成する一人ひとりが,情報化の進展が生活に及ぼす影響を理解し,情報に関する諸問題を適切に解決し,積極的にこの社会に参加しようとする態度が重要なのである。

3. 情報教育の体系

　情報教育は,小・中・高等学校の各段階を通して,体系的にとらえる必要がある。「情報活用の実践力」は,小・中・高等学校の各段階において,各教科や「総合的な学習の時間」におけるコンピュータや情報通信ネットワークなどを適切にかつ積極的に活用することを通して育成をはかる必要がある。また,「情報の科学的な理解」,「情報社会に参画する態度」については,児童生徒の発達段階を考慮して,適宜育成をはかることとされる。学習する内容として,はっきりと位置付けられているものは,例えば,中学校では,技術・家庭科の技術分野「B 情報とコンピュータ」があり,高等学校では,普通教科「情報」や専門教科「情報」などがある[3]。他の教科でも必要に応じて扱うこととされる。

情報教育の体系化のイメージ

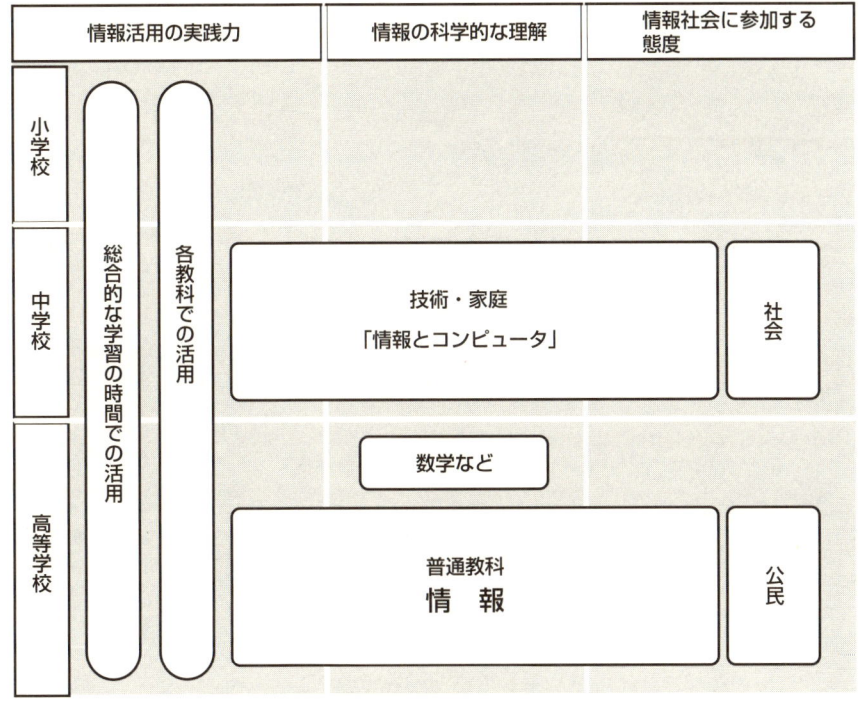

図1　情報教育の体系

※「高等学校指導要領解説情報編」の「情報教育の体系化のイメージ」を参考に作成。

参考文献

(1) 文部科学省：情報教育の実践と学校の情報化〜新「情報教育に関する手引」〜，2002.
(2) 情報化の進展に対応した初等中等教育における情報教育の推進等に関する調査研究協力者会議：第1次報告「体系的な情報教育に向けて」，1997.
(3) 文部省：高等学校学習指導要領解説情報編，開隆堂，2000.

問題

情報教育の目標における3つの観点について，それぞれの特徴をまとめて示せ。

1-4 小・中学校における情報教育

1. 小学校における情報教育

　新「情報教育に関する手引き」[1]によれば，小学校段階においては，情報に関わる特定の教科が設けられている訳ではない。「総合的な学習の時間」をはじめとした，各教科等の様々な時間の中で，コンピュータや情報通信ネットワークを適切に活用することを通じて，コンピュータや情報通信ネットワークに慣れ親しませることとされる。小学校では，クラス担任制であるので，各教科間の関連をはかったり，取り組みが行われやすいという特色を生かすことができるのである。小学校段階では，情報教育の目標を「情報活用の実践力」に焦点化している。すなわち，「情報の科学的な理解」や「情報社会に参画する態度」を明示的に指導することを想定していないのである。ただし，情報の真偽に関わることや，著作権・プライバシーの問題などについては，生徒の学習活動の中でそのような場面が発生した時に，それを見過ごすことなく，繰り返し触れることが重要であるとされる。また，ワープロ入力に関係の深いローマ字に関する指導は，小学校第4学年の国語で取り扱うこととされる。特に，低学年の児童がコンピュータを活用する際には，キーボードなどのコンピュータの入力機器について適切な配慮が必要である。

2. 中学校における情報教育

　中学校段階での情報教育については，技術・家庭科の技術分野において「情報とコンピュータ」が必修になったことがあげられる。この内容については，後で詳しく述べることにし，全ての教科に関わる事項としては，「各教科等の指導に当たってコンピュータ等を積極的に活用すること」と中学校学習指導要領総則に記されている。このようなことから，「総合的な学習の時間」を含め，全ての教科等で情報教育に取り組むことが大切とされているのである。

　学習指導要領においては，美術科では，情報活用の実践力の育成に関する内容と

して，「伝えたい内容を図や写真・ビデオ・コンピュータ等の映像メディアなどで，効果的で美しく表現し伝達・交流すること」や「表したい内容を漫画やイラストレーション，写真・ビデオ・コンピュータ等映像メディアなどで表現すること」などが記されている。また，社会科，数学科，理科などの教科では，資料の収集，処理や発表，数値計算や観察，実験などで，コンピュータや情報通信ネットワークを効果的に活用することとされる。

新「情報教育に関する手引き」には，情報教育と各教科等との関係として，各教科ごとに，(1) 情報活用能力との関係，(2) 情報手段の活用，が記されている。表1は，情報教育と各教科等との関係を（主に中学校段階に着目して）一覧にまとめたものである。

表1　情報教育と各教科等との関係

教科等	情報活用能力との関係 A：情報活用の実践力 B：情報の科学的な理解 C：情報社会に参画する態度	情報手段の活用
国語	A：「伝え合う力」を高めること C：新聞の記事などを取り上げ，メディアを批判的に捉え，適切な情報を選択できる力を育成（メディアリテラシーの育成）	● インターネット等を利用して情報の収集，調べた事柄や自分の考えを日本語ワードプロセッサ等で記述。 ● テレビ会議システム，電子メール，Webページなどによる交流学習。
社会	A：様々な資料を適切に選択，活用して，地理的事象を多面的・多角的に考察し公正に判断するとともに適切に表現する能力や態度を育てる。 A：様々な資料を活用して歴史的事象を多面的・多角的に考察し公正に判断するとともに適切に表現する能力と態度を育てる。 A：現代の社会的事象について，様々な資料を適切に収集，選択して多面的・多角的に考察し，事実を正確にとらえ，公正に判断するとともに適切に表現する能力と態度を育てる。 C：情報化の進展など社会に与えた影響について気づかせる。 C：民主政治と政治参加において，公正な世論と国民の意思を政治に反映させるにあたり大切なことについて学ぶ。	● 情報収集の手段として，インターネット，地理情報システム，ディジタル地図，データベース等の活用。 ● 調査結果をソフトウェア等の活用によりグラフ化・地図化したり，ワープロ等で記述。 ● テレビ会議システム，電子メール，Webページなどによる交流・共同学習。

教科		
数学	A：思考を深めるための手段として，電卓やコンピュータを適切に使用し，数学的に表現・処理したり，ものごとを判断したりする能力を養う。	● 数値計算に際して電卓やコンピュータを使用。 ● 表計算ソフト等を用いて表やグラフなどに表現。 ● シミュレーション機能の利用 ● 図形の性質の考察。
理科	A：自然に対する関心を高め，目的意識を持って観察，実験を行い，科学的に調べる能力と態度を育てる。	● 観察，実験データの処理，表現，解釈の方法を実践的に扱う学習活動の中で，コンピュータを観察・実験の道具として活用 ● データベースの作成・検索 ● ネットワークからの情報収集
音楽	A：創作指導において，創作したものを記録する方法として，コンピュータ等機器を使う方法なども含めて工夫させる。 C：ディジタル記録されたものの特性と著作権について学ぶ。	● 情報通信ネットワークを活用して，博物館や美術館から提供されている絵画などを鑑賞する機会を増やす。 ● 生徒の作品などをインターネットを通じて発信する。 ● 他の学校の生徒との交流学習
美術	A：伝えたい内容を図や写真・ビデオ・コンピュータ等の映像メディアなどで，効果的で美しく表現し伝達・交流する。 A：表したい内容を漫画やイラストレーション，写真・ビデオ・コンピュータ等映像メディアなどで表現する。 C：ディジタル記録されたものの特性と著作権について学ぶ。	● インターネットによる作品鑑賞 ● 生徒の作品のディジタル化 ● 生徒の演奏などをインターネットを通じて発信 ● 他の学校の生徒と交流学習
保健体育	AC：情報化が及ぼす心身への影響について学ぶ。 AC：コンピュータなどの情報機器の使用と健康とのかかわりについて学ぶ。	● 体力・運動能力に関するデータの分析 ● 健康管理 ● インターネットを利用してスポーツや健康に関する情報の収集 ● 電子メールやテレビ会議システム等を活用して，スポーツや健康などをテーマに交流や共同学習を行う。
技術・家庭	ABC：「情報とコンピュータ」で取り扱い，情報活用能力を身に付ける。	● 「技術とものづくり」でも設計の作業にコンピュータを利用 ● 家庭領域では，生活設計，家庭経済，調理の計画，被服の構成やデザイン，快適な住居空間の設計等でコンピュータ等を活用

外国語	A：外国語を通じて，言語や文化に対する理解を深め，積極的にコミュニケーションを図ろうとする態度の育成を図り，聞くことや話すことなどの実践的コミュニケーション能力の基礎を養う。	● 従来の視聴覚機器に加え，コンピュータ，ディジタル録音機器，DVD 等の活用 ● コンピュータ学習 ● 電子メール，Web ページ等によって外国語で情報を発信 ● インターネットを通じて外国文化や歴史，生活に関する情報を収集
道徳教育	C：情報モラルについて学ぶ。	● 電子掲示板などを利用して学習課題に対して生徒間で議論
特別活動	A：ホームルームにおいて，情報通信ネットワークを活用した情報収集する。 A：学校行事や生徒会活動において，コンピュータや情報通信ネットワークを活用する活動を行う。 C：学校行事や生徒会活動において，情報社会について体験する活動を行う。	● 情報通信ネットワークを活用した情報収集 ● 情報社会の体験 ● 情報通信ネットワークを活用して家庭と地域を紹介 ● 学校と家庭，地域との連携を密にする。
総合的な学習の時間	A：自ら課題を見つけ，自ら学び，自ら考え，主体的に判断し，よりよく問題を解決する資質や能力を育てる。 A：学び方やものの考え方を身に付け，問題の解決や探求活動に主体的，創造的に取り組む態度を育て，自己の生き方を考えることができるようにする。	● 社会体験，観察・実験，見学・調査などにおいて，ディジタルカメラやビデオを利用 ● 調べた結果を情報機器を用いて処理 ● Web ページやテレビ会議システム等を活用して情報発信や他校の生徒と交流する。

技術・家庭科の技術分野「情報とコンピュータ」について

　中学校の教育課程に情報関連の内容が教育内容として設けられたのは，現教育課程で，それは，平成 5 年度より完全実施の方向で始められたものである。当時は，中学校の「技術・家庭」科の中に新しい領域として「情報基礎」が設けられたのである。必修の領域は，木材加工，電気，家庭生活，食物が必修領域として設定され，情報はあくまでも選択の領域として位置づけられていたのである。しかし，実際には，「情報」の領域を選択する場合がほとんどであり，限りなく必修に近い選択領域と言われたこともある。「技術・家庭」科は，A 木材加工，B 電気，C 金属加工，D 機械，E 栽培，F 情報基礎，G 家庭生活，H 食物，I 被服，J 住居，K 保育の 11 の領域で構成されていた。ここにおける情報教育は，この教科中では，11 領域の内の 1 領域という存在であるが，上記の A から F までのいわゆる技術関連の

領域中では，6領域中の1つという存在なのである。

しかし，平成13年度から実施された新しい学習指導要領によれば，領域選択制を廃し，「技術分野」と「家庭分野」に整理され，それぞれに内容AおよびBが設けられた。情報関連の内容は，技術分野の内容Bに当たり，単純に上記のように割合で示せば，この教科中では，4分の1となる。技術については，2分の1にまで拡大されたことになる[(2)]。情報教育へのさらなる貢献が期待されている。

```
技術・家庭科
平成5年（1993年）度から
平成13年（2001年）度まで
 A  木材加工  （必修）
 B  電気      （必修）
 C  金属加工  （選択）
 D  機械      （選択）
 E  栽培      （選択）
 F  情報基礎  （選択）
 G  家庭生活  （必修）
 H  食物      （必修）
 I  被服      （選択）
 J  住居      （選択）
 K  保育      （選択）
```

表2は，平成13年度までの内容と，平成14年度からの内容の比較をしたものである。中学校段階での情報教育を概観していただきたい。

表2　中学校「技術・家庭」科における情報教育

実施年度	1993年度（H5）から 2001年度（H13）まで	2002年度（H14）から
名称	情報基礎	情報とコンピュータ
内容	(1) コンピュータの仕組み ア　コンピュータシステムの基本的な構成と各部の機能を知ること。 イ　ソフトウェアの機能を知ること。 (2) コンピュータの基本操作と簡単なプログラムの作成 ア　コンピュータの基本操作ができること。 イ　プログラムの機能を知り，簡単なプログラムの作成ができること。 (3) コンピュータの利用 ア　ソフトウェアを用いて，情報を活用することができること。 イ　コンピュータの利用分野を知ること。	(1) 生活や産業の中で情報手段の果たしている役割 ア　情報手段の特徴や生活とコンピュータとのかかわりについて知ること。 イ　情報化が社会や生活に及ぼす影響を知り，情報モラルの必要性についていること。 (2) コンピュータの基本的な構成と機能及び操作 ア　コンピュータの基本的な構成と機能を知り，操作ができること。 イ　ソフトウェアの機能を知ること。 (3) コンピュータの利用 ア　コンピュータの利用形態を知ること。 イ　ソフトウェアを用いて，基本的な情報の処理ができること。

内 容	(4) 日常生活や産業の中で情報やコンピュータが果たしている役割と影響について考えさせる。	(4) 情報通信ネットワーク ア 情報の伝達方法の特徴と利用方法を知ること。 イ 情報を収集，判断，処理し，発信ができること。 (5) コンピュータを利用したマルチメディアの活用 ア マルチメディアの特徴と利用方法を知ること。 イ ソフトウェアを選択して，表現や発信ができること。 (6) プログラムと計測・制御 ア プログラムの機能を知り，簡単なプログラムの作成ができること。 イ コンピュータを用いて，簡単な計測・制御ができること。
選択／必修	選 択	(1)〜(4)は必修 (5)〜(6)は選択
時間数	3年間で僅か20〜30時間である。	3年間で40〜50時間程度，多くても70時間以下と推定される。

参考文献

(1) 文部科学省：情報教育の実践と学校の情報化〜新「情報教育に関する手引き」〜，2002.
(2) 文部省：学習指導要領，大蔵省印刷局，1998.

問 題

小学校から高等学校までの情報教育についてその特徴をまとめよ。

1-5 高等学校 教科「情報」新設の趣旨と意義

新しい高等学校学習指導要領は，教育課程審議会の答申を踏まえ，自ら学び，自ら考える力など，「生きる力」の育成を基本的なねらいとし「総合的な学習の時間」の創設とともに，高等学校に教科「情報」が新設されたのである。これは，普通教育に関する教科「情報」（これを，普通教科「情報」と呼ぶ）と専門教育に関する教科「情報」（これを，専門教科「情報」と呼ぶ。）がある。

> 教科「情報」
> ● 普通教育としての
> 　普通教科「情報」
> ● 専門教育・職業教育としての
> 　専門教科「情報」

1. 普通教科「情報」の新設とその意義

教育課程審議会答申[1]では，高等学校の普通教科「情報」の設定について記されているが，それを整理して示すと，**表1**のようになる。

高等学校段階は，初等中等教育における情報教育の完成の段階であり，すべての生徒に対し，情報社会において主体的に対応できる社会人として必要な能力と態度を育てる必要がある。そのためには，情報教育の目標の3つの観点にある能力や態度を，バランスよく身に付けさせなければならないのである。そのうち，「情報活用の実践力」については，小学校以降において，各教科や「総合的な学習の時間」などでの学習を通して培われているが，高等学校の段階では，生徒の実践力に大きな開きを生じることが懸念される。普通教科「情報」では，特に，実習が重視されているので，各生徒の経験程度に応じて実習課題を設定することにより，個々人の実践力を向上させることができるだろう。また，「情報の科学的な理解」や「情報社会に参画する態度」では，中学校技術・家庭科などでも学習するが，この学習成果を継続して発展させ，高等学校段階として深化させる必要がある。以上のように，高等学校における普通教科「情報」の新設の意義は，この教科を設けることにより，情報社会の一員として必要な能力と態度を生徒に十分に身につけさせることにあるといえるだろう。

表1　普通教科「情報」の設定について

1		教科設定の趣旨とねらい
	(1)	情報化の進展を背景に，これからの社会に生きる生徒には，大量の情報に対して的確な選択を行うとともに，日常生活や職業生活においてコンピュータや情報通信ネットワークなどの情報手段を適切に活用し，主体的に情報を選択・処理・発信できる能力が必須となっている。
	(2)	また，社会を構成する一員として，情報化の進展が人間や社会に及ぼす影響を理解し，情報社会に参加する上での望ましい態度を身に付け，健全な社会の発展に寄与することが求められている。
	(3)	我が国社会の情報化の進展の状況を考えるとき，情報及び情報手段をより効果的に活用するための知識や技能を定着させ，情報に関する科学的な見方・考え方を養うためには，中学校段階までの学習を踏まえつつ，高等学校段階においても継続して情報に関する指導を行う必要がある。
2		科目構成及び内容構成の考え方等
	(1)	普通教科「情報」には，生徒が興味・関心等に応じて選択的に履修できるように，「情報A」，「情報B」，「情報C」の3科目を置くものとする。
	(2)	各科目の内容は，履修する生徒の興味・関心の多様性を考慮し，次のようなものとする。 a　「情報A」においては，コンピュータや情報通信ネットワークなどを活用して情報を選択・処理・発信できる基礎的な技能の育成に重点を置く。内容は，例えば，情報活用における情報手段の有効性，情報の収集・発信・処理と情報手段の活用，情報手段の発達に伴う生活の変化などで構成する。 b　「情報B」においては，コンピュータの機能や仕組み及びコンピュータ活用の方法について科学的に理解させることに重点を置く。内容は，例えば，問題解決におけるコンピュータの活用の方法，コンピュータの仕組みと働き，情報処理の定式化とデータ管理，情報社会を支える情報技術などで構成する。 c　「情報C」においては，情報通信ネットワークなどが社会の中で果たしている役割や影響を理解し，情報社会に参加する上での望ましい態度を育成することに重点を置く。内容は，例えば，デジタル表現，情報通信ネットワークとコミュニケーション，情報の収集・発信と自己責任，情報化の進展と社会への影響などで構成する。
	(3)	教育課程の編成・実施に当たっては，各教科等との連携に配慮し，情報科での学習成果が，他教科等の学習に役立つよう，履修学年や課題の選定，指導計画の作成等を工夫するものとする。
	(4)	指導計画の作成に当たっては，各科目の目標及び内容に即してコンピュータや情報通信ネットワークなどの情報手段を実際に活用した学習活動を重視する。

2. 専門教科「情報」の新設とその意義

　教育課程審議会答申[(1)]では，専門教育に関連して，職業に関する各教科・科目の改善について記されるとともに，専門教科「情報」の設置についても述べられているが，これらを整理して，まとめて示すと表2のようになる。

表2　職業に関する各教科・科目の改善と専門教科「情報」の設定について

1		職業に関する各教科・科目
	(1)	職業に関する各教科・科目の内容の改善については，理科教育及び産業教育審議会答申を踏まえつつ検討を行い，次のように改善することが適当であると考えた。
	(2)	職業に関する各教科・科目については，産業構造・就業構造の変化，科学技術の高度化，情報化，国際化，少子高齢化などの社会の変化や産業の動向等に適切に対応するとともに，生徒一人一人の多様な個性を生かすため，生徒の選択幅を拡大する観点に立って，次のような改善を図る。 a　職業に関する各教科・科目については，生涯学習の視点を踏まえつつ，将来のスペシャリストとして必要な専門性の基礎的・基本的な知識や技術を確実に習得させるため，その内容を精選して構成するとともに，実験・実習等の実際的，体験的な学習の充実を図る。 b　各学校がより一層創意工夫を生かして教育課程を編成できるようにするとともに，生徒一人一人の多様な個性を生かすため生徒の選択幅を拡大する観点から，職業に関する各学科の原則履修科目等の在り方を見直す。 c　高齢化の進展等に伴い，介護福祉士などの福祉に関する人材の養成の必要性に対応するため，教科「福祉」を新たに設けることとする。 d　高度情報通信社会における情報関連人材の養成の必要性に対応するため，教科「情報」を新たに設けることとする。

	(2)	e 専門高校における教育の改善充実を図るためには，地域や産業界と連携した教育を展開することが重要であり，専門高校と地域や産業界との間に双方向の協力関係（パートナーシップ）を確立し，連携しながら教育活動を展開できるよう改善を図る。 f 現行の学習指導要領においては，職業に関する各教科・科目について内容が項目のみで示されており，このことが教科書や実際の指導において，教育内容を高度なものにしているとの指摘がある。このような指摘も踏まえ，学習指導要領上，各教科・科目の内容の程度・範囲及びその取扱いに当たっての配慮事項等を具体的に記述するようにする。
2		専門教科「情報」の設定について
	(1)	社会の変化と背景
		近年，高度情報通信社会を迎え，情報化は想像を超える規模・速度で進展している。こうした中で，特にソフトウェアに関し，システム全体の設計や管理・運営を担当するなどの高度な情報技術者の育成を含め情報関連分野に従事する人材の育成は重要な課題となっている。
	(2)	専門教育の必要性
		このような高度かつ多岐にわたる情報技術者等は，もとより高等学校段階の教育のみで育成できるものではないが，情報分野に興味・関心をもつ若者に，高等学校においても情報科学の基礎など情報を扱う上での基礎的・基本的な内容を学習するとともに，情報メディアを駆使した実習等を体験させる場を提供することは極めて重要になっている。
	(3)	新教科の設置
		このため，従来の教科「商業」，「工業」等の枠組みとは別に，専門教育に関する教科「情報」を新たに設けることとする。

高度情報通信社会を迎えるにあたり，情報化は想像を超える規模・速度で進展し，こうした中で，特にソフトウェアに関して，システム全体の設計や管理・運営を担当するなどの高度な情報技術者の育成や新たな産業領域の形成に役立つような人材の育成が近年の重要課題となっている。

　このような高度かつ多岐にわたる情報技術者等は，もとより高等学校段階の教育のみで育成できるものではないが，情報分野に興味・関心をもつ若者に，高等学校においても情報科学の基礎など情報を扱う上での基礎的・基本的な内容を学習する機会を提供するとともに，情報手段を駆使した実習等を通じて創造的で豊かな感性を育む場を用意することは，人材育成において極めて意義のあることと考えられるのである。

参考文献
(1) 文部省：教育課程審議会答申（平成10年7月），1998.

問題1

　教科「情報」の新設の意義についてまとめ，これが，情報教育の目標における3つの観点とどのような関係にあるかを示せ。

問題2

　高等学校での情報教育は，教科「情報」がその中心を担うことになるが，他教科との関係の在り方について情報を収集し，自らの考えをまとめて示せ。

コラム

ユビキタス

　ユビキタス（ubiquitous)は、もともと、ラテン語の「至るところにある」という意味の言葉である。ユビキタス・コンピューティングといえば、時間や場所の制約を受けないで利用できるコンピュータ環境を指し、いわゆる「いつでもどこでもコンピュータを利用できる環境」といわれるものがこれに当たる。ユビキタスという言葉は、ディジタル社会のキーワードの1つになっている。

1-6 普通教科「情報」の目標と科目編成

1. 普通教科「情報」の目標

　高等学校学習指導要領[1]（**資料編4-2参照**）によれば，普通教科「情報」の目標は，「情報及び情報技術を活用するための知識と技能の習得を通して，情報に関する科学的な見方や考え方を養うとともに，社会の中で情報及び情報技術が果たしている役割や影響を理解させ，情報化の進展に主体的に対応できる能力と態度を育てる」と記されている。簡潔に述べれば，それは，「情報化の進展に主体的に対応できる能力と態度を育てる」ことであり，言い換えれば，「情報教育の実践力」，「情報の科学的な理解」，「情報社会に参画する態度」の3つの観点をバランスよく育てるということである。特に，「情報の科学的な理解」，「情報社会に参画する態度」については，おもに普通教科「情報」でその育成をはかることになるが，「情報活用の実践力」については，普通教科「情報」はもちろんであるが，他の教科をも含めて育成をはかることが必要である。

　上記の目標の記述の中に見られる「情報及び情報技術を活用するための知識と技能の習得」は，「情報活用の実践力」と「情報の科学的な理解」とに対応し，「情報に関する科学的な見方や考え方を養う」ことは，その記述のとおり「情報の科学的

表1　普通教科「情報」の目標と情報教育の目標との対応について

普通教科「情報」の目標	情報教育の目標（観点）
情報及び情報技術を活用するための知識と技能の習得を通して	情報活用の実践力 情報の科学的な理解
情報に関する科学的な見方や考え方を養うとともに，	情報の科学的な理解
社会の中で情報及び情報技術が果たしている役割や影響を理解させ，	情報社会に参画する態度
情報化の進展に主体的に対応できる能力と態度を育てる。	情報活用能力（情報活用の実践力，情報の科学的な理解，情報社会に参画する態度）

な理解」を示してる。また,「社会の中で情報及び情報技術が果たしている役割や影響を理解させ」の部分では,「情報社会に参画する態度」に関わっているのである(表1参照)。

2. 普通教科「情報」の科目編成

普通教科「情報」は,必修教科であり,「情報A」,「情報B」,「情報C」の3科目で構成される。どの科目も標準単位数は,2単位であり,この3つの科目のうち,少なくとも1科目を選択して履修することとなっている。

高校に入学するまでに,生徒達は,コンピュータや情報通信ネットワークなどを活用した様々な活動をしてきていると考えられ,その結果,その知識量や経験量について個人差が大きいものと推察される。したがって,高等学校段階では,情報やコンピュータ等についての興味・関心がはっきりしてきていると考えられるので,これら生徒の経験や興味・関心の多様性を考慮して,これらの3科目のうちから1科目を選択して履修できるように編成されている。

では,各科目の性格や想定している履修対象者(表2参照)について述べる。

「情報A」は,コンピュータや情報通信ネットワークなどの情報機器を活用する実習が多く取り入れられ,これらの経験が少ない生徒でも十分履修できるようになっている。このような活動を通して,基本的な技能の育成をはかり,「情報活用の実践力」を高めるとともに,活動の具体例を示して,「情報の科学的な理解」や「情報社会に参画する態度」を育成するのである。

「情報B」は,コンピュータに興味・関心を持つ生徒が履修することを想定し,コンピュータの仕組みやコンピュータを活用した問題解決の学習を通して,「情報の科学的な理解」を深めるとともに,コンピュータを効果的に活用するための考え方

表2 各科目と履修対象の想定

科　目	履　修　対　象　の　想　定
情報A	コンピュータや情報通信ネットワークなどの活用経験が少ない生徒でも十分履修できることを想定している。
情報B	コンピュータに興味・関心を持つ生徒が履修することを想定している。
情報C	情報社会やコミュニケーションに興味・関心を持つ生徒が履修することを想定している。

や方法を習得させることが重要である。また，コンピュータ等で使われている情報技術や社会の様々な分野で応用されていることを理解させ，情報社会を支える技術の在り方について考えさせることで，「情報社会に参画する態度」を育てるとしている。

「情報C」は，情報社会やコミュニケーションに興味・関心を持つ生徒が履修することを想定し，情報の表現方法やコミュニケーションについての学習や調査活動，情報社会の理解を通して「情報活用の実践力」を高めると同時に，「情報社会に参画する態度」の育成を重視し，この活動に関連して，情報機器や情報通信ネットワークの仕組みや特性などの「情報の科学的な理解」も育成するとされている。

3. 普通教科「情報」の各科目

(1) 各科目の目標

情報Aの目標は，「コンピュータや情報通信ネットワークなどの活用を通して，情報を適切に収集・処理・発信するための基礎的な知識と技能を習得させるとともに，情報を主体的に活用する態度を育てる」とされる。

情報Bの目標は，「コンピュータにおける情報の表し方や処理の仕組み，情報社会を支える情報技術の役割や影響を理解させ，問題解決においてコンピュータを効果的に活用するための科学的な考え方や方法を習得させる」とされる。

情報Cの目標は，「情報のディジタル化や情報通信ネットワークの特性を理解さ

表3　各科目とその目標

科目	目標
情報A	コンピュータや情報通信ネットワークなどの活用を通して，情報を適切に収集・処理・発信するための基礎的な知識と技能を習得させるとともに，情報を主体的に活用する態度を育てる。
情報B	コンピュータにおける情報の表し方や処理の仕組み，情報社会を支える情報技術の役割や影響を理解させ，問題解決においてコンピュータを効果的に活用するための科学的な考え方や方法を習得させる。
情報C	情報のディジタル化や情報通信ネットワークの特性を理解させ，表現やコミュニケーションにおいてコンピュータなどを効果的に活用する能力を養うとともに，情報化の進展が社会に及ぼす影響を理解させ，情報社会に参加する上での望ましい態度を育てる。

せ，表現やコミュニケーションにおいてコンピュータなどを効果的に活用する能力を養うとともに，情報化の進展が社会に及ぼす影響を理解させ，情報社会に参加する上での望ましい態度を育てる」とされる．

(2) 各科目の内容

各科目の内容は，**表4**に示すとおりである．

情報Aの内容は，(1) 情報を活用するための工夫と情報機器，(2) 情報の収集・発信と情報機器の活用，(3) 情報の統合的な処理とコンピュータの活用，(4) 情報機器の発達と生活の変化，で構成される．

情報Bの内容は，(1) 問題解決とコンピュータの活用，(2) コンピュータの仕組みと働き，(3) 問題のモデル化とコンピュータを活用した解決，(4) 情報社会を支える情報技術，で構成される．

情報Cの内容は，(1) 情報のディジタル化，(2) 情報通信ネットワークとコミュニケーション，(3) 情報の収集・発信と個人の責任，(4) 情報化の進展と社会への影響，で構成される．

> **コラム**
>
> **なぜ情報教育は必要か？**
>
> 「パソコンが使えないと○○ができないから」というような理由で情報教育の必要性を説明しても良いのだろうか？　その背景には，「情報教育はパソコンの使い方を教えることだ」という単純な構図が見え隠れしている．
>
> 次に，「なぜ問題解決能力は必要か」と尋ねたい．私たちはより良く生きたいと願っているが，世の中には，個人的な問題や社会的な問題など数多くある．問題に直面した際，時には避けることもできるが，いつも回避する訳にはいかない．より良く生きるためには，問題を適切に解決することが必要なのである．
>
> 情報機器を使用すれば問題を効果的に解決できる場合があるが，いつもそうとは限らない．従来は，解決法が異なってもそれが正しければ結果は同じになるという考え方が支配的であった．しかし，情報教育では，解決法が異なれば結果も異なる場合があることを理解させなければならない．したがって，問題解決においては，複数の解決法の中から1つを決めなければならない．決めた方法が適切かどうかも含めて解決の過程や結果を評価しなければならない．場合によっては解決法を変更したり修正したりすることも必要なのである．
>
> → (参照：1-3，1-8，3-3)

表4　各科目の内容

科目	内　　　　容
情報A	**(1) 情報を活用するための工夫と情報機器** 　ア　問題解決の工夫 　イ　情報伝達の工夫 **(2) 情報の収集・発信と情報機器の活用** 　ア　情報の検索と実習 　イ　情報の発信と共有に適した情報の表し方 　ウ　情報の収集・発信における問題点 **(3) 情報の統合的な処理とコンピュータの活用** 　ア　コンピュータによる情報の統合 　イ　情報の統合的な処理 **(4) 情報機器の発達と生活の変化** 　ア　情報機器の発達とその仕組み 　イ　情報化の進展が生活に及ぼす影響 　ウ　情報社会への参加と情報技術の活用
情報B	**(1) 問題解決とコンピュータの活用** 　ア　問題解決における手順とコンピュータの活用 　イ　コンピュータによる情報処理の特徴 **(2) コンピュータの仕組みと働き** 　ア　コンピュータにおける情報の表し方 　イ　コンピュータにおける情報の処理 　ウ　情報の表し方と処理手順の工夫の必要性 **(3) 問題のモデル化とコンピュータを活用した解決** 　ア　モデル化とシミュレーション 　イ　情報の蓄積・管理とデータベースの活用 **(4) 情報社会を支える情報技術** 　ア　情報通信と計測・制御の技術 　イ　情報技術における人間への配慮 　ウ　情報技術の進展が社会に及ぼす影響
情報C	**(1) 情報のディジタル化** 　ア　情報のディジタル化の仕組み 　イ　情報機器の種類と特性 　ウ　情報機器を活用した表現方法 **(2) 情報通信ネットワークとコミュニケーション** 　ア　情報通信ネットワークの仕組み 　イ　情報通信の効果的な方法 　ウ　コミュニケーションにおける情報通信ネットワークの活用 **(3) 情報の収集・発信と個人の責任** 　ア　情報の公開・保護と個人の責任 　イ　情報通信ネットワークを活用した情報の収集・発信 **(4) 情報化の進展と社会への影響** 　ア　社会で利用されている情報システム 　イ　情報化が社会に及ぼす影響

(3) 各科目の内容の取扱い

各科目の内容の取扱いについて，情報 A においては，表 5 に，情報 B においては，表 6 に，情報 C においては，表 7 にそれぞれまとめて示している。

表5. 情報 A における内容の取扱い

科目	内容		内容の取扱い
情報 A	(1)		実習については，(2)及び(3)とのつながりを考慮する。
		ア	●1つの問題に対し，複数の解決方法を試み，それらの結果を比較する実習を扱う。
		イ	●プレゼンテーション用ソフトエアなどを活用した実習を扱う。
	(2)		情報通信ネットワークなどを活用した実習を中心に扱う。
		ア	●情報の検索・収集の工夫と情報を提供する側の工夫との関連性に触れる。
		イ	●情報の利用の仕方に応じた表し方の選択や，情報の作成，利用に関わる共通の取決めの必要性を扱う。
		ウ	●情報の伝達手段の信頼性，情報の信憑性，情報発信に当たっての，個人の責任，プライバシーや著作権への配慮などを扱う。
	(3)		―
		ア	●周辺機器やソフトウェアなどの活用方法を扱うが技術的な内容に深入りしない。
		イ	●多様な形態の情報を統合的に活用することが必要な課題を設定し，文書処理，表計算，図形・画像処理，データベースなどのソフトウェアを目的に応じて使い分けたり組み合わせたりして活用する実習を中心に扱う。
	(4)		―
		ア	●いろいろな情報機器についてアナログとディジタルとを対比させる観点から扱うとともに，コンピュータと情報通信ネットワークの仕組みも扱う。技術的な内容に深入りしない。
		イ	●情報化の進展に伴う生活スタイルや仕事の内容・方法などの変化を調べたり，討議したりする学習を取り入れる。
		ウ	●(1)から(4)イまでの学習と関連させて扱う。

表6 情報Bにおける内容の取扱い

科目	内容		内容の取扱い
情報B	(1)		(2)以降の内容の基礎となる体験ができる実習を扱う。
		ア	●問題解決の手順を明確に記述させる指導を取り入れる。
		イ	●人間とコンピュータの情報処理を対比させて，コンピュータの処理の高速性を示す例や，人間にとっては簡単な情報処理がコンピュータでは必ずしも簡単ではない例などを体験できる実習を扱う。
	(2)		コンピュータや模型などを使った学習を取り入れる。
		ア	●図を用いた説明などによって基本的な考え方を理解させることを重視する。
		イ	●図を用いた説明などによって基本的な考え方を理解させることを重視する。 ●コンピュータ内部での基本的な処理の仕組みについては，各命令がステップで動いていることを扱う程度とする。 ●アルゴリズムについては，並べ替えや探索などのうち，基本的なものにとどめる。
		ウ	●生徒自身に工夫させることができる簡単な課題を用いて，実習を中心に扱い，結果を生徒同士で相互評価させるような学習を取り入れる。
	(3)		ソフトウェアやプログラミング言語を用い，実習を中心に扱う。その際，ソフトウェアの利用技術やプログラミング言語の習得が目的にならないようにする。
		ア	●基本的な考え方を必ず扱い，実習については生徒の実態等に応じ，アとイのいずれかを選択して扱うことができる。 ●(2)イ，ウ及び(4)アと関連付けた題材や，時間経過や偶然性に伴って変化する現象などのうち，簡単にモデル化できる題材を扱い，数理的，技術的な内容に深入りしないようにする。
		イ	●基本的な考え方を必ず扱い，実習については生徒の実態等に応じ，アとイのいずれかを選択して扱うことができる。
	(4)		―
		ア	●動作を確認できるような学習を取り入れる。
		イ	―
		ウ	●情報技術の進展が社会に及ぼす影響について，情報通信ネットワークなどを活用して調べたり，討議したりする学習を取り入れる。

表7 情報Cにおける内容の取扱い

科目	内容		内容の取扱い
情報C	(1)		—
		ア	●文字コード，2進数表現，標本化などについて，図を用いた説明などによって基本的な考え方を扱い，数理的，技術的な内容に深入りしない。
		イ	—
		ウ	●実習を中心に扱い，生徒同士で相互評価させる学習を取り入れる。
	(2)		—
		ア	●セキュリティーを確保するための工夫については，身近な事例を通して，個人認証や暗号化の必要性，情報通信ネットワークの保守・管理の重要性などを扱う。
		イ	●誤り検出・訂正，情報の圧縮などの原理を平易に扱う。
		ウ	●実習を中心に扱う。
	(3)		—
		ア	●情報の保護の必要性については，プライバシーや著作権などの観点から扱い，情報の収集・発信に伴って発生する問題については，誤った情報や偏った情報が人間の判断に及ぼす影響，不適切な情報への対処法などの観点から扱う。
		イ	●適切な題材を選び，情報の収集から分析・発信までを含めた一連の実習を中心に扱う。 ●情報の分析については，表計算ソフトウェアなどの簡単な統計分析機能やグラフ作成機能などを扱う。
	(4)		—
		ア	
		イ	●情報化が社会に及ぼす影響を，情報通信ネットワークなどを活用して調べたり，討議したりする学習を取り入れる。

参考文献

(1) 文部省：高等学校学習指導要領解説情報編，開隆堂，2000.

問題

情報A，情報B，情報Cのそれぞれにおいて，展開される内容が，情報教育の目標とどのように対応しているかについて考察せよ。

1-7 専門教科「情報」の目標と科目編成

1．専門教科「情報」の目標

　高等学校学習指導要領[1]（**資料編4-2 参照**）によれば，専門教科「情報」の目標は，「情報の各分野に関する基礎的・基本的な知識と技術を習得させ，現代社会における情報の意義や役割を理解させるとともに，高度情報通信社会の諸課題を主体的，合理的に解決し，社会の発展をはかる創造的な能力と実践的な態度を育てる」と記されている。

　情報に関わる各分野には，「アルゴリズム」，「情報システムの開発」，「ネットワークシステム」などの科目で構成されるシステム設計や管理・運営に関わる分野と，「コンピュータデザイン」，「図形と画像の処理」，「マルチメディア表現」などの科目で構成されるマルチメディアに関わる分野がある。

　特に，目標の文中における「情報の各分野」には，「アルゴリズム」，「情報システムの開発」，「ネットワークシステム」などの各科目で構成されるシステム設計や管理・運営に関わる分野と「コンピュータデザイン」，「図形と画像の処理」，「マルチメディア表現」などの各科目で構成されるマルチメディアに関わる分野がある。

　次に，「現代社会における情報の意義や役割を理解させるとともに」に関しては，高度情報通信社会では，情報に関する知識や技術が必須であり，情報や通信に関わる技術や社会における情報化の進展は，情報関連産業の発展だけでなく，国民の生活様式や様々なサービス，ビジネスシステムを向上・充実させることによって，社会を大きく改善することにつながり，このことを踏まえながら，現代社会における情報の意義や役割を理解させることは，極めて大切なことである。

　さらに，「高度情報通信社会の諸課題を主体的，合理的に解決し，社会の発展を図る創造的な能力と実践的な態度を育てる」については，高度情報通信社会では，情報化を支える科学技術をより一層高度に発展させることが重要な課題であるが，同時に，豊かな社会生活を実現させることができる反面，著作権の保護や情報モラルに関する問題など社会生活に与える影響の大きさへの十分な理解も必要とされ，

それらの課題を合理的に解決するためには，常に自ら考え，課題の解決に当たる主体的な態度を身につけることが重要となる。特に，情報関連技術者として，社会の望ましい発展に寄与するための創造的な能力と，課題解決のための実践的な態度を身に付けることが必要であるといえる（**表1 参照**）。

表1　専門教科「情報」の目標と情報教育の目標との対応について

専門教科「情報」の目標	説　　　明
情報の各分野に関する基礎的・基本的な知識と技術を習得させ，	情報に関わる各分野 ● システム設計や管理・運営に関わる分野 　　「アルゴリズム」，「情報システムの開発」， 　　「ネットワークシステム」などの各科目 ● マルチメディアに関わる分野 　　「コンピュータデザイン」，「図形と画像の処理」， 　　「マルチメディア表現」などの各科目
現代社会における情報の意義や役割を理解させるとともに，	次の点を踏まえて，現代社会における情報の意義や役割を理解させること。 ● 高度情報通信社会では，情報に関する知識や技術が必須 ● 情報や通信に関わる技術や社会における情報化の進展は，社会を大きく改善する。 　　（例）情報関連産業の発展 　　　　　国民の生活様式や様々なサービスの向上・充実
高度情報通信社会の諸課題を主体的，合理的に解決し，社会の発展を図る創造的な能力と実践的な態度を育てる。	● 高度情報通信社会では，情報化を支える科学技術をより一層高度に発展させることが重要な課題である。 ● 豊かな社会生活を実現させることができる反面において，著作権の保護や情報モラルに関する問題など社会生活に与える影響の大きさへの十分な理解も必要である。 ● 課題の解決に当たっては，常に自ら考えることで，主体的な態度を身につけることが大切である。 ● 創造的な能力と，課題解決のための実践的な態度を身に付けることも重要である。

2．専門教科「情報」の科目編成

専門教科「情報」は，教科の目標を達成するために，3つの分野に属する11科目で構成される（**表2 参照**）。基礎的な科目としては，「情報産業と社会」，「情報と表現」が位置付けられ，進路希望等に応じて選択する応用選択的な科目として，

表2. 専門教科「情報」における3分野と科目構成

分野	システム設計・管理分野	共通分野	マルチメディア分野
基礎的科目		●情報産業と社会 ●情報と表現	
応用選択的科目	●アルゴリズム ●情報システムの開発 ●ネットワークシステム	●モデル化とシミュレーション	●コンピュータデザイン ●図形と画像の処理 ●マルチメディア処理
総合的科目		●課題研究 ●情報実習	

「アルゴリズム」,「情報システムの開発」,「ネットワークシステム」,「モデル化とシミュレーション」,「コンピュータデザイン」,「図形と画像の処理」,「マルチメディア処理」が該当する。さらに,他の専門科目の内容と関連付けて実践的な内容を取り扱う科目として,「課題研究」及び「情報実習」がある。

3. 専門教科「情報」の各科目

(1) 各科目の目標

専門教科「情報」は,①「情報産業と社会」,②「課題研究」,③「情報実習」,④「情報と表現」,⑤「アルゴリズム」,⑥「情報システムの開発」,⑦「ネットワークシステム」,⑧「モデル化とシミュレーション」,⑨「コンピュータデザイン」,⑩「図形と画像の処理」,⑪「マルチメディア表現」の11科目で構成され,それぞれの科目の目標は,次ページの**表3**に示す通りである。

専門教科「情報」の各科目
① 「情報産業と社会」,
② 「課題研究」
③ 「情報実習」
④ 「情報と表現」
⑤ 「アルゴリズム」
⑥ 「情報システムの開発」
⑦ 「ネットワークシステム」
⑧ 「モデル化とシミュレーション」
⑨ 「コンピュータデザイン」
⑩ 「図形と画像の処理」
⑪ 「マルチメディア表現」

表3 各科目とその目標

科　目	目　標
情報産業と社会	情報産業と社会とのかかわりについての基本的な知識を習得させ，情報への興味や関心を高めるとともに，情報に関する広い視野を養い，創造する力を伸ばし，社会の発展を図る能力と態度を育てる。
課題研究	情報に対する課題を設定し，その課題の解決を図る学習を通して，専門的な知識と技術の深化，総合化を計るとともに，問題解決の能力や自発的，創造的な学習態度を育てる。
情報実習	各専門分野に関する技術を実際の作業を通して総合的に習得させ，技術革新に主体的に対応できる能力と態度を育てる。
情報と表現	情報と表現に関する基礎的・基本的な知識と技術を習得させ，表現力を伸ばすとともに，情報を適切に表現する能力と態度を育てる。
アルゴリズム	データ構造と代表的なアルゴリズムに関する知識と技術を習得させ，実際に活用する能力と態度を育てる。
情報システムの開発	情報システムの設計に関する知識と技術を習得させ，実際に活用する能力と態度を育てる。
ネットワークシステム	情報通信ネットワークシステムに関する知識と技術を習得させ，実際に活用する能力と態度を育てる。
モデル化とシミュレーション	様々な現象を数理的に捉え，コンピュータで解析し，視覚化するための知識と技術を習得させ，実際に活用する能力と態度を育てる。
コンピュータデザイン	コンピュータによるデザインに関する基礎的な知識と技術を習得させ，実際に創造し応用する能力と態度を育てる。
図形と画像の処理	コンピュータによる図形と画像の処理技法に関する知識と技術を習得させ，実際に活用する能力と態度を育てる。
マルチメディア表現	マルチメディアによる表現活動を通して，マルチメディアによる伝達効果とその特質について理解させ，作品を構成し企画する実践的な能力と態度を育てる。

(2) 各科目の内容

各科目の内容は，表4に示すとおりである。**資料4-2**とあわせて参照されたい。

表4．各科目の内容

科　目	内　容
情報産業と社会	(1) **情報化と社会** 　ア　情報化と社会生活 　イ　情報産業の発展と社会 (2) **情報化を支える科学技術** 　ア　ハードウェアの基礎 　イ　ソフトウェアの基礎 　ウ　コンピュータの利用形態
課題研究	(1) **調査，研究，実験** (2) **作品の制作** (3) **産業現場等における実習** (4) **職業資格の取得**
情報実習	(1) **基礎的な情報実習** (2) **システム設計・管理に関する実習** (3) **マルチメディアに関する実習**
情報と表現	(1) **情報活用とメディア** 　ア　メディアの種類と特性 　イ　コミュニケーションの基礎 (2) **情報活用の基礎** 　ア　文書による表現技法 　イ　図形・画像による表現技法 　ウ　音・音楽による表現技法 (3) **情報発信の基礎** 　ア　プレゼンテーションの基礎 　イ　プレゼンテーションによる情報発信 　ウ　情報通信ネットワークを活用した情報発信
アルゴリズム	(1) **数値計算の基礎** 　ア　基本的なアルゴリズム 　イ　数値計算 (2) **データの型とデータの構造** 　ア　データの基本的な型と構造 　イ　データ構造とアルゴリズム (3) **整列** (4) **探索** (5) **データベースの概要** 　ア　ファイルとデータベース 　イ　データベースの仕組み 　ウ　データベースの設計と操作

情報システムの開発	(1) 情報システムの概要	
	ア　情報システム化の技法	
	イ　ソフトウェア開発の基礎	
	(2) 情報誌システムの設計	
	ア　プログラム設計	
	イ　プログラミングと単体テスト	
	(3) ソフトウェアテスト	
	(4) 運用保守	
ネットワークシステム	(1) ネットワークの基礎	
	ア　ネットワークの種類	
	イ　伝送の手順と接続方式	
	ウ　関連技術	
	(2) ネットワークの構築	
	ア　ネットワークの分析	
	イ　ネットワークの設計	
	(3) ネットワークの運用と保守	
	ア　運用管理	
	イ　保守	
	(4) ネットワークの安全対策	
モデル化と シミュレーション	(1) モデル化とその解法	
	ア　モデル化の基礎	
	イ　モデルの種類と特性	
	(2) 延焼のモデル化とシミュレーション	
	ア　連続的に変化する現象	
	イ　離散的に変化する現象	
	ウ　その他の現象	
コンピュータデザイン	(1) 造形表現の基礎	
	ア　デザインの意義	
	イ　デザインの条件	
	ウ　数理的造形	
	(2) コンピュータデザインの基礎	
	ア　表現と心理	
	イ　記号の操作と意味の演出	
	(3) コンピュータデザインの基本要素と構成	
	ア　デザインエレメント	
	イ　エレメントの視覚的構成	

図形と画像の処理	(1) 図形の表現 　ア　基本図形の表現 　イ　座標変換の利用 　ウ　立体図形による表現 (2) 画像のディジタル化 　ア　ディジタル画像 　イ　画像の標本化と量子化 (3) 画像の変換と合成 　ア　幾何変換 　イ　色彩変換 　ウ　合成 　エ　動きの表現 　オ　アニメーションとシミュレーション
マルチメディア表現	(1) 静止画の設計と表現 　ア　静止画の処理 　イ　静止画による表現 (2) 動画の設計と表現 　ア　動画の原理 　イ　動画による表現 (3) 音・音楽の設計と表現 　ア　音・音楽の設計 　イ　音・音楽の表現 (4) 作品制作

参考文献

(1) 文部省：高等学校学習指導要領解説情報編，開隆堂，2000.

問題

工業科に設けられている各科目を調べ，専門教科「情報」の各科目と比較せよ。

1-8 問題解決

1. 問題解決の重要性

　教科「情報」は，情報社会においてより良く生きるための教育であり，ただ単に，パソコンやアプリケーションソフトの使い方やインターネットの利用法を教えるものではない。それは，情報社会において，問題や課題を自らが発見・認識し，ディジタル環境（ネットワークや情報機器等を駆使してディジタル情報を容易に操作できる環境）を効果的に利用して，客観的で科学的な知識をベースにして，その問題解決ができる能力を育てることに重点が置かれなければならない。

　従来からの問題解決は，学習方法としての位置づけが中心であったのに対して，教科「情報」における問題解決は学習内容としても位置づけられている点が特徴的である。普通教科「情報」では，問題解決を直接的に取り扱うのは以下のとおりである。

情報 A
(1) ア．問題解決の工夫
　　　問題解決を効果的に行うためには，目的に応じた解決手順の工夫とコンピュータや情報通信ネットワークなどの適切な活用が必要であることを理解させる。

情報 B
(1) ア．問題解決における手順とコンピュータの活用
　　　問題解決においては，解決の手順と用いる手段の違いが結果に影響を与えること及びコンピュータの適切な活用が有効であることを理解させる。
(3) ア．モデル化とシミュレーション
　　　身のまわりの現象や社会現象などを通して，モデル化とシミュレーションの考え方や方法を理解させ，実際の問題解決に活用できるようにする。
　　　※高等学校学習指導要領第2章第10節第2款各科目第1および第2を参照。

「情報A」では，問題解決の工夫に重点があり，複数の解決手順を発想したり，また，それを工夫したりして，必要に応じて情報機器を活用し，問題解決を効果的の行うことが求められている。また，科学的な理解を重視する「情報B」では，この問題解決について，「モデル化とシミュレーション」として明確に示され，問題解決の科学的なアプローチとして，実際の問題解決に活用できるよう具体性に富んだものとして構成されている。

　以上のことは，直接的に問題解決を取り扱う部分について言及したものであるが，そもそも問題解決は，情報教育の中心的課題の一つとして位置づけられているため，教科「情報」の学習過程では，普通教科や専門教科の両方において，その活動は欠かすことができないのである。従って，教科「情報」が，問題解決というテーマのもとに位置付けられていると考えなければならないのである。

2．問題解決のプロセス

　次ページの表1に示された問題解決のプロセスは，普通教育・一般教育におけるプログラミング教育の意義に関する研究から生まれたものである。

　プログラミング教育は，情報処理教育の初期においては，工学部などの専門学部で行われていたが，社会の情報化につれて，普通教育としての位置づけが必要であるといわれるようになった。つまり，普通教育ではコンピュータの仕組みやはたらきについて理解するとともに，問題を客観的に理解し，その解決の方法を見いだすための論理的な思考を養うことに重点がおかれなければならないということである。普通教育でプログラミング教育を行うことの意義は，問題解決の能力を養うことにあるということであった[1]。プログラミングは，問題の具体化・モデル化・最適化などの知識が必要であり，このことを重視して考察することにより，問題解決のプロセスを一般化して示すことができたのである[2]。表1の各段階は，プログラミングの過程を考えれば比較的理解しやすいと思われるが，一般的な問題解決の場においても，適用できるものと考えている。各段階は，概ね順次進むものと考えられるが，必要に応じて，各所で前段階にもどることも考えられ，特定の段階が，繰り返し行われる場合も少なくないだろう。しかし，私たちは，このような段階を常に意識して問題解決を行っている訳ではないだろう。むしろ，問題解決に行き詰まったり，失敗したりした場合には，自らが行った解決活動について再考し，どこに問題

があったのかを分析する必要があり，解決方法の変更や軌道修正を行うことが求められるだろう．

表1　問題解決のプロセス

問題解決の 9 段階		
1	問題の意識	抽象的または直観的に問題を意識する段階
2	問題の分析	その問題を客観化・一般化する段階
3	問題の照合	既に一般化された問題と照合する段階
4	解決法の照合	既に一般化された方法の中から解決の糸口を見いだす段階
5	解決法の修正	一般化された解決の方法を問題に適合するように部分的に修正する段階
6	解決法の意識	解決の方法を具体化して意識する段階
7	解決法の実行	意識した解決法を実行する段階
8	解決法の評価	実行した結果を評価し，問題の解決の効果を検討する段階
9	解決法の一般化	修正した解決法を一般化する段階

※学校におけるプログラミング教育〜支援システムとその利用（松原伸一著，オーム社，1990）をもとに作成．

3．教科「情報」における問題解決の学習

　次に，普通教科「情報」での問題解決の流れについて考えよう．上記の問題解決のプロセスは9段階もあり，実際に流れを示して実習を行うには，困難がありそうである．そこで，平成13年度から実施されている，中学校の技術・家庭科の場合の問題解決について考察し，高校での問題解決の学習の参考にしよう．

　表2は，中学校の技術・家庭科の教科書の口絵に示された「技術はどのように発達してきたか」というテーマでの記述の中で，「問題を解決していく方法について考えよう」と題された部分では，人は火が生活に役立つことを知り，火を安心して利用できるようになったことを取りあげ，その場合の問題解決のようすを想像して示されたものである．なお，参考のために，問題解決のプロセス（9段階）も合わせて示している．

　この中学校の教科書では6段階の流れで問題解決が例示されているが，この各段階を意識して実際の実習や問題解決学習を行っている訳ではない．教科「情報」で

は，問題解決の活動を実際に行う際の問題解決の雛型としての流れを示す必要がある。

段階数の多い方が，問題解決を明確にできそうだが，手間もかかる。一方，段回数を少なくすれば，作業は簡単に見えるが，問題解決を工夫する点からみればその作業を分析・評価するのが難しくなるだろう。結局のところ，以上のことを総合的に判断して，5段階程度までなら，具体的な場面においても困難も少なく，しかも問題解決の流れを示すに十分なものとなるだろう。

表2　中学校における問題解決の例示

（説明）人は火が生活に役立つことを知った。火を安心して利用できるようにするための問題解決のようすを想像した場合の問題解決の例示である。

	中学校における問題解決の例示	（参考）問題解決の9段階
1	問題の把握 ●火種が消えないようにするのが大変だ。 ●火種のために戦いが起きるので，生活が不安だ。	1．問題の意識
2	問題状況の分析 ●雨で消える。 ●いつも燃える木を用意する必要がある。 ●自分では火を起こすことができない。 ●火はすぐには手に入らない。	2．問題の分析 3．問題の照合
3	課題設定 ●いつでも火を手に入れることができ，安心して利用できるようになりたい。	
4	問題解決の計画 ●自分で発火させてみよう。 　（発火のしくみを調べてみよう。自分でやってみよう）	4．解決法の照合 5．解決法の修正
5	実行 ●発火しやすそうな木を使って，こすってみよう。	6．解決法の意識 7．解決法の実行
6	反省 ●失敗だ。 ●木の選び方やこすり方をもっと工夫する必要がある。 ●もう一度考え直そう。	8．解決法の評価 9．解決法の一般化

※技術・家庭　技術分野，開隆堂，平成13年度版（口絵）をもとに作成。

そこで，普通教科「情報」における問題解決の流れを，(1) 問題を見つけよう，(2) 問題を整理しよう，(3) 解決の計画を立てよう，(4) 解決に向けて活動しよう，(5) 結果を活用しよう，の5つの段階で考えることにしよう。

表3は，「情報A」の教科書における問題解決の流れをまとめて示したもので，参考のために，問題解決の9段階も合わせて示している。

表3　「情報A」における問題解決の流れ

	「情報A」における問題解決の流れ	（参考）問題解決の9段階
1	問題を見つけよう　　…［問題の意識化］ ● 問題を発見し，意識化する。	1．問題の意識
2	問題を整理しよう　　…［問題の具体化］ ● 問題を分析し，照合・設定する。	2．問題の分析 3．問題の照合
3	解決の計画を立てよう　…［解決法の具体化・意識化］ ● どのようにして解決するか，計画を立てる。	4．解決法の照合 5．解決法の修正
4	解決に向けて活動しよう　…［解決法の実行］ ● 計画に沿って活動する。 ● 状況によっては計画の修正が必要な場合もある。	6．解決法の意識 7．解決法の実行
5	結果を利用しよう　　…［解決法の評価］ ● 活動の結果を評価・改善し，実際に活用する。	8．解決法の評価 9．解決法の一般化

※情報A，開隆堂，平成14年度版を参考に作成

「(1) 問題を見つけよう」では，日常生活において，疑問に思っていること，改善したいこと，行動に移したいけれどどうすれば良いか分からない，など，自分の問題を明らかにし，表現してみることから始めるとよい。

「(2) 問題を整理しよう」では，見つけて，意識化した問題を分析して，解決すべき問題を明確にする。

「(3) 解決の計画を立てよう」では，情報の収集の必要性はあるかを考えてみたり，作業の順序を考えたり，目的に合ったソフトウェアを選択したり，解決のための計画を立てる。

「(4) 解決に向けて活動しよう」では，いくつかの異なる方法で解決してみたり，目的どおりに解決が進んだかを比較・検討してみたり，さらに工夫するところはないかについて検討する。

「(5) 結果を活用しよう」では，活用して，その出来栄えについて考える。

また，文部科学省の新教科「情報」現職教員等講習会のテキスト[3]では，問題を見つける→問題を調べる→問題の解決策を考える→（問題解決を実践する）の3つのフェーズで問題解決の流れを区分している。これは，今まで述べてきた中では最もシンプルなもので，問題解決を考える上での単純な基本形といえる。

```
文部科学省のテキストでの問題解決の流れ

   ┌──────────────┐
   │ 問題を見つける │
   └──────────────┘
「問題の素を見つける」，「問題を書く」
         ↓
   ┌──────────────┐
   │ 問題を調べる  │
   └──────────────┘
「問題を分類する」，「問題の構造を作る」
         ↓
   ┌────────────────────┐
   │ 問題の解決策を考える │
   └────────────────────┘
「解決目標を決める」，「代替案を考える」
「解決策を選ぶ」，「実行計画を決める」
```

参考文献

(1) 松原伸一：小学校・中学校・高等学校におけるソフトウェア教育，電気学会編，ソフトウェア教育への提言，第5章第2節，pp.39-42，1989.
(2) 松原伸一：学校におけるプログラミング教育〜支援システムとその利用，オーム社，1990.
(3) 平成12年度，13年度，14年度 新教科「情報」現職教員等講習会テキスト（1），文部省（文部科学省）．

問題

今までの経験の中から適当なものを取りあげ，それについて，問題解決の視点で考察せよ。

Part 2

情報科教育　応用編

2-1 情報の本質

1. 情報の定性的考察

　情報社会をより良く生きるためには，大量の情報に対して的確な選択を行い，情報手段を適切に活用し，主体的に情報を選択・処理・発信できる能力が必須である。また，社会を構成する一員として，情報化の進展が人間や社会に及ぼす影響を理解し，情報社会に参加する上での望ましい態度を身に付け，健全な社会の発展に寄与することが求められている。教科「情報」は，このような問題意識の中で設定された教科であり，その中心的課題は，「情報の本質」に大きく関わっている。情報の本質的考察は，情報化の進展が生活に及ぼす影響について理解する際に，重要な手がかりを与えてくれることだろう。

(1) 情報の本質1：情報は移動しない。情報は複製により伝播する。

　本来，情報は，一度伝えられてしまえば，それを取り戻したり，消したりすることは困難（または，不可能）である。例えば，「商品Aには欠陥がある」という情報が，誤って伝えられたとしても，たとえ，それが真実であろうと無かろうと，聞いてしまった人にとっては，既知の事実となってしまうのである。話してしまった後で，忘れてほしいと願っても，それは不可能なことである。つまり，情報は，一度伝えられてしまえば，それを知った人は，また別の人へと伝え，短期間の間に多くの人がその情報の複製を（知識として）持つことになるのである。つまり，情報は，他の人に与えても，自分の情報が減る訳ではないので，安易に人から人へと渡

情報の本質1．　情報は複製により伝播する
① 情報の広範性：短期間で多くの複製がいたるところに存在することになる。
② 情報の保存性：情報は，人に与えても減らない。
③ 情報の一方性：渡された（盗まれた）情報は，取り返すことはできない。
④ 情報の不滅性：伝えた情報は，消すことはできない。

っていくのである。また，その裏返しとして，自分の情報が，他の人に何かの手段で見られた（盗まれた）としても，その際に自分の情報が減る訳では無いから，盗まれたことを認知しにくいのである。盗まれた情報は，瞬時にして伝播するものであり，その情報を取り戻すことは事実上不可能な場合が多いのである。

(2) 情報の本質2：情報のやり取りには意図がある。

情報は本来それを作り出す人が存在し，それを伝える側（送り手）がある。情報が発信される場合は，受け手（不特定多数の場合もある）に対し，何らかの意図をもって行われる。つまり，情報は，それがデータでない限り，そのやり取りには何らかの意図があり目的が介在するのである（3-1の項目を参照）。したがって，情報を伝えるには，発信者はその意図を明確に認識するとともに，目的が達成されるように十分に配慮されなければならない。すなわち，情報のやり取りには，有効性が求められるのである。

情報の本質2． 情報のやり取りには意図がある
① 意図の介在：情報のやり取りには，送り手に意図がある。
② 目的の存在：情報のやり取りには，目的が存在する。
③ 有効性の追求：情報のやり取りには，有効性が求められる。

---

(3) 情報の本質3：情報の価値は一定ではない。

送り手から出された情報は，受け手にわたり解釈される。その時，その情報の価値が決まるのである。すなわち，情報の価値は，画一的にまたは固定的に確定しているのではなく，受け手によって異なり，さらには，同じ受け手であっても，それを受けた時や場所により異なることもある。

情報の本質3． 情報の価値は一定ではない
① 人依存性：情報の価値は，その受け手の価値観により左右される。
② 時依存性：情報の価値は，それを受けた時により異なる。
③ 場依存性：情報の価値は，それを受けた場所により異なる。

また，多くの情報が集積されれば，経済的価値が生まれ，ビジネスの対象となることも多い。

以上のように，情報の本質を理解すれば，情報の発信者として，どのようなことに注意・留意しなければならないのかが自ずと明らかになるであろう。高度情報通信社会において，私達は，言わば「情報の海」の中に，全身を浸けているのである。溺れないようにしなければならないのは当然であるが，必要な情報を有効に発信することの重要性を再認識しなければならない。

(4)「情報の確認」と「確認のための情報」

　前述のように，情報には，いわゆる「メディアのもつ本質的特性」の他に，情報独特の本質がある。これらの本質から発揮される機能は，便利な点も多いが，問題になることも多いのである。倫理的なことがらは，2-3，3-1などの項目に譲ることにするが，私達は，誤った判断を極力避けるためには，受け取った情報が正しいか否か，正確かどうか，どのような立場の人から発信されたものかなど，**情報の確認**を行うことが必要である。これは，教科「情報」において，情報の収集や調べた結果の発表にあたっては，生徒に情報の信頼性や信憑性などについて十分意識させる必要がある。このテーマに関しては，メディアリテラシーの教育に関係する点が多い。このテーマについては，別に取り扱うので該当個所を参照されたい。また，私達は，情報を発信した際，その情報が相手に受け取られているか，意図どおりに伝わっているか，目的が達成されているかなど，**確認のための情報**を獲得しなければならない。一方，情報を受けた場合，発信者にその情報を受けたという事実を知らせたり，その内容についての理解状況やその情報による判断結果／行動結果などを知らせ，発信者に確認させる情報を出すことも重要である。これは，教育工学の分野では，KR（Knowledge of Results）と呼ばれる。直訳すれば，「結果の知識」ということなるが，判断や行動の結果を相手に知らせることを意味し，この情報の教育的意義が重要視されているのである。また，この情報は，もとにもどすことから，フィードバック情報と呼ばれることもある。

2．情報の定量的考察

(1) 情報の定量化～情報の量を表す基準や条件

　情報の多い・少ないを決めるのに何を基準に考えれば良いであろうか？　これは，永きに渡る大きな問題であったのである。

そこで，次のような質問をしてみよう。2つの通報のうち，どちらの方が情報の量が多いと感じられるだろうか？　直感でいいので少し考えていただきたい。

（質問）下に示すAおよびBの2つの通報の内，あなたは，どちらの通報の方が情報の量が多いと感じますか？
　　通報A：「コンセントの電圧が100ボルトである。」
　　通報B：「コンセントの電圧が85ボルトである。」

上の質問に対して，文字数を数えたり，その他の要因を考慮したりして，様々な理由を考えて情報の多少を考察されたことでしょう。場合によっては，読者の皆さんのそれぞれの考えはすべて正解ということもできるかもしれない。

ここで，次のような考察をしてみよう。今，問題にしているのは，「データ量」ではなく「情報量」であるということであり，それは，すなわち，「情報」の特性に大きく関係するのである。つまり，情報量は，**「情報の強さ」**と言い換えれば理解しやすいかもしれない。そうすれば，結局のところ，上の質問は，通報Aと通報Bで，「どちらの方が情報としてインパクトが大きいか」ということになる。上の質問は，コンセントの電圧が話題であるが，普通私達の家庭用電源の電圧は100ボルトであるので，通報Aは通常の状況を示すものであり，あまり問題を感じないだろう。一方，通報Bの方は，電圧が85ボルトであるということで，通常の電圧が何かの原因で降下していることを示している。私達は，こんな時，これに接続されているコンピュータは大丈夫かなど心配するかもしれない。このような理由から，通報Bの方が，情報が多いと考えることができるだろう。

以上のことをまとめると**表1**のようになる。

表1　情報の（強さの）多少

	情報　多い	情報　少ない
ニュース性	ある	ない
頻度	めったにしか起こらない	よく起こる

すなわち，ニュース性があったり，めったにしか起こらないことの方が，情報は多いと感じる人が多いだろう。しかし，この考え方は，読者の意見とは必ずしも一

致しないかもしれないが，理解の範囲にとどまるものであろう。

表1で示す基準を客観的に表すものは，確率である。すなわち，通報の情報の量を考える場合，その通報の事象が起こる確率を基準にして考えるとちょうど良いことが分かる。その確率が大きいとは，よく起こる，ありきたりを表すことになり，その確率が小さいということは，まれにしか起こらないということであるから，確率の大小と情報の量の大小は逆の関係にすればよいことが分かる。

さらに，通報は，1つ目，2つ目と増えれば，それらの情報の個々の量を足し合わせることで求めることができれば便利である。

以上のような理由から，情報の量について次のような2つの条件が導出される。

条件1：確率に対して単調減少性
条件2：情報の追加に対して加法性

この2つの条件を満たす関数は，一意に決まるものではないが，なるべく簡単なものが望ましいことは言うまでもない。

条件1を満足させるもの：単調減少を表す関数は無数に存在するが，ここでは，最も簡単な関数の1つとして，$y=1/x$ なる逆数関数が採用されている。

条件2を満足させるもの：2つの事象（E_1 および E_2）の確率がそれぞれ，p_1, p_2 であるとき，E_1 でありかつ E_2 であるという事象の確率は，$p_1 \times p_2$ で表現される。

したがって，求める関数 f は，$f(p1 \times p2) = f(p1) + f(p2)$ となる関数があればよいことが分かる。この条件を満たすものは，$\log xy = \log x + \log y$ であることから，対数関数がふさわしいことが分かる。

条件1と条件2を合わせて

上記のことから，条件1に対しては，逆数関数を，条件2に対しては，対数関数をあてはめ，$\log_n (1/p)$ という表現が相応しいことが理解できるだろう。それは，つまり，この表現が，確かに単調減少性および加法性の両方を兼ね備えているからである。一般に対数関数の底は，1でない正数であれば良いが，ここでは，上記の条件1を満たすために，対数関数と確率の逆数との組み合わせで単調減少関数を構成している。したがって，対数関数は単調増加でなければならないので，この場合の対数の底（n）は，$n>1$ でなければならない。

(2) 情報量の定義

 以上のことをまとめると，ある通報に対しその通報が示す現象の起こる確率がpの時，その通報の**情報量**（amount of information）Iは，次式で定義されるのである。

$$I = \log_2(1/p) = -\log_2 p \quad [\text{bit}]$$

この場合，対数の底は2にしているが，これが，最も一般的なものである。コンピュータ内部の演算処理が，回路のON／OFFといった2つの状態を利用していることから，2を基数とする算法（2進法）が採用されたり，符号化においては，0または1の組み合わせで表現される0－1パターンが使用されることなどから，対数の底に2を用いる場合が多いのである。しかし，種々の計算の上で，微分などの複雑な計算を行ったりする場合には，e（= 2.718 …）を底とする自然対数を利用する場合や，10を底とする常用対数を利用する場合もある。自然対数で定義される情報量の単位は，ナット［nat］，常用対数で定義される場合は，デシット［decit］となる（岩波数学辞典，岩波書店，1980）。

(3) 情報量はデータ量も表現できる

 2進数の1桁は，0か1のどちらかを取り得るので，0（または1）であるという通報の情報量は，1/2の確率を当てはめて，1ビットということになる。n桁の2進数の場合は，情報量の加法性は保証されるので，nビットとなり，2進数の桁数とビット数は一致するのである。このことから，8ビットを1バイトに置き換えて，文字データや画像データなどの多くのマルチメディアデータの量についても，情報量は有効に機能するのである。情報量の定義の段階で，当初，情報量はデータ量ではなく，情報のもつインパクトの強さという考え方を導入したが，結局のところ，情報量でデータ量も表現することができることになり，「これにて，一件落着」となる。

問題

 情報の本質に関わるような現象や事象を取りあげて，それらについて，簡単に説明せよ。

2-2 マルチメディアの本質

1. マルチメディアの概念

　マルチメディアとは，マルチ（多重）とメディア（媒体，手段）が組み合わさってできた語で，幾つのもメディアが統合されることを示し，言葉どおりに表現すれば，「マルチ化したメディア」といえる。ここでいうメディアとは，本来，情報を伝達する媒体，すなわち，数値，文字・数字，音・音声，画像（動画，静止画）をさす。これらがディジタル技術により統合化（マルチ化）され，情報機器（情報通信ネットワークを含む）において，簡単な操作により多種の情報を利用できるようになった状況において，その際のメディアに着目した表現が，マルチメディアなのである。

　しかし，日常的には，メディアといわれて，数値・文字・音声・画像などを思い浮かべる人は少ないであろう。私たちは，マルチメディアの概念が形成される前に，既にメディアという用語を日常的に使用していたからである。つまり，先に定着していたメディアの概念やその関連知識が，マルチメディアの特にメディアの部分を認識する際に，支配的な影響を与えたのでないかと考えられる。マルチメディアのターゲットとなるメディアをどのように捉えるかでその意味は異なり，結果として，マルチメディアの概念が曖昧なものになってしまったと考えられる。しかし，いずれにしても，マルチメディアは，情報のディジタル化による統合であるから，コミュニケーションの高度化を支えるものでもあるとともに，高度情報通信社会のキー概念の1つといえるだろう。それでは，順を追って，メディアやマルチメディアの概念に接近してみよう。

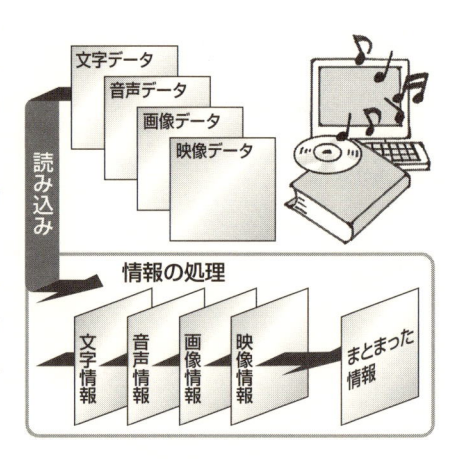

(1) メディアの概念

　メディア（media）は，medium の複数形で，媒体や手段という意味である。メディアといえば，テレビ，ラジオのような**放送メディア**，書籍，新聞，雑誌などの**印刷メディア**，あるいは，テレビ・ラジオ，新聞，雑誌などを**報道メディア**ということもあるし，フリッピーディスク，CD-ROM，MO，DVD などの**記録メディア**，コンパクトフラッシュ，スマートメディア，メモリースティックなどのメモリカードの**記憶メディア**，インターネットや Web ページを対象にしたいわゆる**ネットワークメディア**などを思いつくだろう。この他にも，アナログメディア／ディジタルメディアという用語が用いられる場合もある。

　一方，コンピュータ科学の分野では，メディアとは，特に情報を蓄える媒体を示し，古くは，紙テープ，カード，磁気テープ，磁気ディスクなどのように，コンピュータで処理するための情報を記憶するのに用いる物理的材料を集合的に表す用語として用いられていたのである。

　また，ある書物には，「インターネットは，身近でとても便利なメディアとなってきました」とあったり，「Web ページはメディアです」のように書かれることもある。以上のことを参考にして，メディアの概念を分類すると，**表1**に示すようになる。

表1　メディアの概念

メディアの種類	メディアの例
データメディア	数値，文字・数字，静止画・動画，音・音声など
放送メディア	テレビ，ラジオなど
印刷メディア	書籍，新聞，雑誌など
報道メディア	テレビ，ラジオ，新聞，雑誌など
記録メディア	フリッピーディスク，CD-ROM，MO，DVD など
記憶メディア	コンパクトフラッシュ，スマートメディア，メモリースティックなどのメモリーカードなど
アナログメディア／ディジタルメディア	アナログ・データ／ディジタル・データ
ネットワークメディア	インターネット，Web ページなど

※「ディジタル社会の情報教育」（松原伸一著，開隆堂，2002）の記述に多少の追加を行った。

(2) マルチメディアの概念

　マルチメディアとは，コンピュータ用語辞典で調べてみると，音声やグラフィックス，アニメーション，映像を結合したもの（Computer Dictionary second edition，Microsoft Press の翻訳版，マイクロソフト　コンピュータ用語辞典第二版，1995年第二版第3刷発行，アスキー）とあり，また，別の辞典では，本，テレビ，ラジオのような既存の情報メディアを電子的に結合して各メディアのもつ限界を超え，利用価値を高くしようとしたメディア（パソコン用語事典，1995年第6版発行，技術評論社）とある。

　このように，マルチメディアの概念が曖昧な状況にあることは前述のとおりである。さらに，類似したものに，メディア・ミックスという言葉もあり，これは広告などの目的で，テレビや新聞などの複数の異なる情報媒体（メディア）を利用することを意味したものであった。マルチメディアはこのメディアミックスという意味で使われたこともあった。

　コンピュータや家電製品などにおいて，コード・データ（数値や文字），イメージ・データ（静止画や動画），音声データなど多様な情報の形式を組み合わせて，簡単な操作でこれらの利用を可能とする機能を持つ場合，『マルチメディア○○○』といわれていた。

　その例としては，まず，パソコンの分野では，その発展時期において，従来は容易に扱えなかった画像や音声などのデータをコンピュータで処理可能なコード・データと関連付けて管理したり，表示できるようにすることを意味し，このため，CD-ROM を組み込んだパソコンをマルチメディアパソコンと呼ばれたこともある。ソフトウェアのインストールにおいても，CD-ROM の読み込み機能は最小必要条件であり，最近では，これ以外に，CD-R，CD-RW，DVD-ROM，DVD-R，DVD-RW，DVD-RAM などの記録メディアに対応したものも多い。

　次に，家電の分野では，テレビやラジオのように受信するといった一方的な情報通信形態であったものを，コンピュータを搭載して，双方向で各種の情報のやり取りができるようにすることをマルチメディアと呼ばれることが多かったが，現在では，これらは，通信ネットワークに接続され，いわゆる情報家電として位置付けられるものである。

　また，通信の分野では，電話などのように音声のみの通信ではなく，テレビ映像やコンピュータで処理するコード・データなどを多重化して，1つの回線で通信す

ることを示すことが多い。

また，アナログデータやディジタルデータを組み合わせたものをマルチメディアと呼ばれることもあるそうである。以前，アナログとディジタルの両方の機能を備えたものに対して，ハイブリッドという用語を用いたものであったが，最近では，ハイブリッドといえば，ガソリン自動車と電気自動車の両方の機能を備えた低燃費自動車を連想する人もいるだろう。

2．マルチメディアの情報量

アナログのディジタル化によりデータ量が飛躍的に増大するため，ディジタル圧縮技術がマルチメディアの発展・普及に向けてのキー・テクノロジとなるのである。ここでは，情報を記録する媒体としてのメディアを取りあげる。各メディアに記録される情報量を概算で求めよう。

K（キロ）	2^{10}	1,024
M（メガ）	2^{20}	1,048,576
G（ギガ）	2^{30}	1,073,741,824

一般にコンピュータ科学の分野では，1［キロバイト：KB］は$1024=2^{10}$［バイト：Byte(s)］のように2のべき乗値を利用してキロ（K）を表し，それをM（メガ），その2^{10}倍をG（ギガ）とする場合があるが，ここでは，それぞれのメディアの情報量の概数を理解することが目的なので，単純に，

$$1[KB]=10^3[byte], \quad 1MB=10^3[KB]=10^6[byte]$$

として計算することにしよう。

表2は，各メディアの情報量をまとめて表したものである。

例えば，A4サイズの用紙は，仮に1600字の日本語が書かれていたとすれば，1文字当たり2バイトであるので約3キロバイトの情報を記録できる。新聞1ページでは，条件設定により結果も異なるが，ここでは仮に，1段1000字として15段あるとすれば，30キロバイトになる。新書1冊では，600文字のページが200ページだとすると，240キロバイトになる。

次は図形について考えよう。最初は，単純な白黒画像についてである。今では少なくなったが，基本的なサイズとして640×480ドットの場合は，38キロバイトとなる。もちろん画像のサイズが大きくなればそれだけ多くの情報量となる。256色（8ビットカラー）の静止画では，307キロバイト，1670万色（24ビットカラー）では，921キロバイトである。

では，簡単のために，フロッピーディスク1枚に1メガバイトの情報が書き込めるとすると，それぞれのメディアには，フロッピーディスクして何枚分に相当するのであろうか？

　A4サイズの用紙は300枚以上記録できるし，新聞では30ページ以上，新書では4冊程度であるが，白黒図形は26枚程度，静止画（256色）は3枚，静止画（1670万色）ではわずか1枚しか記録することができないのである。もちろんこれらの画像のサイズが大きくなればそれだけ情報量も増えるので，1枚のフロッピーディスクに記録できないという事態も起こり得るのである。

　次は動画について考えよう。サイズは今までと同じ条件として，1秒間で30フ

表2　メディアの情報量

	メディア	情報量 バイト	KB	MB
1	A4サイズの用紙1枚 40文字×40行の場合 情報量＝1,600×2	3,200	3	
2	新聞1ページ 紙面1ページを文字で埋めた場合 情報量＝1,000字×15段×2	30,000	30	
3	新書1冊 文字数＝200ページ×600文字 情報量＝120,000×2	240,000	240	
4	図形（白黒） 白黒，640×480ドットの場合 情報量＝640×480×1ビット/8	38,400	38	
5	静止画（256色＝8ビット） 情報量＝640×480×8ビット/8	307,200	307	
6	静止画（1670万色＝24ビット） 情報量＝640×480×24ビット/8	921,600	921	
7	動画（1秒，30フレーム） 情報量＝921,600×30	27,648,000	27,648	27
8	60分の映画 情報量＝27,648,000×3600秒	99,532,800,000	99,532,800	99,532

※「学びたい人のための情報活用基礎講座」（近藤・松原・宮田共著，ブレーン出版，2000）より引用。

レームとして，27 メガバイトになる。60 分の番組を考えると何と 100 ギガバイトになる。つまりこれらの情報を単純にフロッピーディスクに記録するとしたら，1 秒間の動画で 27 枚，60 分の動画で約 10 万枚のフロッピーディスクが必要になる。もちろんこの数字は現実的なものではないので，動画のように極めて情報量が多くなる情報を記録する場合には，何らかの工夫が必要になる。その 1 つが情報の圧縮である。jpeg は静止画の圧縮方式の 1 つで，動画には mpeg という圧縮方式がある。

このように，情報量はテキストレベルでは，その量は小さいが，動画になれば飛躍的にその情報量が増大することがわかる。しかし，実際には，これらのデータは圧縮して処理されるので，表 2 に示したような莫大な情報量をもつ動画データが現実に存在することはあまりないだろう。

参考文献
(1) 情報教育学研究会（IEC）・情報倫理教育研究グループ編：インターネットの光と影，北大路書房，2000．
(2) 松原伸一：情報通信メディアを利用した総合的学習の可能性（第 2 章第 1 節），総合的な学習に関する多面的研究，平成 11 年度滋賀大学教育改善推進費研究成果報告書，pp.19-28（研究代表者 沢田和明），2000．
(3) 近藤文良，松原伸一，宮田仁：学びたい人のための情報活用基礎講座，ブレーン出版，2000．
(4) 松原伸一：ディジタル社会の情報教育〜情報教育を志す人のために〜，開隆堂，2000．

問 題
「マルチメディア」という言葉が日常において使用されている例を収集し，それらがどのような意味で使われているかについて考えよ。

2-3　個人情報と著作権

1．個人情報

　個人情報とは，表1に示すように，氏名，年齢，生年月日，性別，住所，電話番号，勤務先，電子メールのアドレスなど個人に関する情報のことである。個人を特定できる情報以外に，複数の情報を組み合わせて個人を特定できる場合も個人情報となり得る。

表1　個人情報の例

基本的なもの	氏名，生年月日，性別，住所，電話番号，国籍，電子メールアドレス
教育関係	学歴，学業成績，取得資格
健康関係	病歴，入院歴，遺伝，
家族関係	親族の名前，続柄，家族構成，婚姻暦など
友人関係	友人の情報，参加団体，参加クラブ
仕事関係	職業，職歴，地位・役職，勤務先住所，勤務先電話，電子メールアドレス
嗜好関係	趣味，興味関心
経済関係	資産保有状況，収入，借入金，預貯金，クレジット信用情報，納税額，取引状況
その他	性格，性質，性癖，賞罰，表彰，トラブル歴

　これらの個人情報は，知られやすいものとそうでないものがあるが，自分の知らないところで，自らの情報が蓄積されることによる不安が増大していることも事実である。それは，ディジタル社会における経済活動において，消費者に関する多くの個人情報が，新商品の企画に役立ったり，販売促進に利用したりすることができるためであり，個人情報は，いわゆる「経済的価値」のあるものとして，拡散したり，漏えいしたりする危険性が大きくなるのである。

　蓄積された情報が漏えいすることにより，私達は，予期せぬ被害を被ることがあるので，どんな機関や組織においても，個人情報を無制限に収集したり，収集した

情報の管理に不備があったりしたのでは、私達は安心して生活することができなくなるのである。健全なディジタル社会を形成するためには、個人情報を保護することが重要であり、私達のプライバシー侵害が起こらないような社会の仕組みを早急に構築しなければならない。

> **勧誘電話**
> 　職場や自宅によくかかってくる勧誘電話。何度もかかってきたり、あまりの強引さに、閉口したり激怒することも多い。
> 　あなたは相手を知らないけれど、相手はあなたの住所や名前、勤務先など多くの情報を知っているかもしれない。
> 　はっきり断ることも大事であるが、このことを念頭に入れておく必要がある。

2. 個人情報の保護

　OECD（経済協力開発機構）は、1980年に「プライバシー保護と個人データの国際流通についてのガイドラインに関する理事会勧告」を採択している。この勧告には個人情報保護のための8つの原則があり、個人情報に関して参照されることも多い。日本においては、郵政省（現総務省）が策定した「電気通信事業における個人情報保護に関するガイドライン」が平成3年（1991年）に策定され、平成10年（1998年）に改定されている。また、（財）日本データ通信協会では平成10年（1998年）4月から、

> **OECDによる個人情報保護のための8原則**
> ①収集制限の原則
> ②データ内容の原則
> ③目的明確化の原則
> ④利用制限の原則
> ⑤安全保護の原則
> ⑥公開の原則
> ⑦個人参加の原則
> ⑧責任の原則

個人情報保護登録センターを設置し、個人情報保護のガイドラインを遵守し、適正な個人情報保護を講じている事業者の登録を行うとともに、「個人情報保護マーク」付与制度を運営している。平成13年4月現在では、28業者が登録されている。しかし、電気通信事業者の保有する顧客情報等の漏えいに関する報道が相次いで生じ、自主的な取り組みには限界があることが指摘されている。個人情報保護に関する更なる法整備が期待されている。

3．情報操作

情報は，人の価値観や意思決定に影響を与える。したがって，私達は，何かの目的で情報を伝える時，なるべく正確に伝えるように心がける必要があるが，むしろ効果的な伝達を行うために，幾つかの工夫を施すことも多い。たとえば，特定の情報のみを取りあげて伝えたり，複数の情報を伝える場合その順番を変更したり，情報の特定の部分を強調したり，繰り返したりすることがその例である。間違った情報を伝えることには，多くの問題性を感じる人も多いが，正しい情報でもすべてを伝えない場合は，それを受け取った人の判断は間違ったものになる可能性が大きい。ディジタル社会における情報伝達においては，質・量ともに従来とは大きく異なり，多様性を持った多量の情報を広範に伝播させることが可能となっているのである。それだけに，情報操作の問題性について認識しておく必要がある。問題性のある情報操作には，情報の独占・隠ぺい，情報のねつ造，情報の改ざん，情報の隠滅・消去などがある。

> **情 報 操 作**
>
> **情報の独占・隠ぺい**：公開するべき情報を，個人あるいは少数の関係者のみで独占して不当に利益を得たり，自分たちにとって公開すると不都合な情報を隠ぺいして，開示できないように情報を隠す行為。
>
> **情報のねつ造**：情報を発信する側にとって，都合の良い情報を，意図的に作り出して，その情報を広める行為。
>
> **情報の改ざん**：情報を有する側で，自己の利益を守るためや，他者の利益や権利を侵害するために，データを改変して事実とは異なる情報に置き換える行為。
>
> **情報の隠滅・消去**：情報を有する側で，自己の利益を守るため，あるいは他者の利益を侵害するために，公開すべき情報を焼却したり，消去したりする行為。

> **著作権法第1条（目的）**
>
> この法律は，著作物並びに実演，レコード，放送及び有線放送に関し著作者の権利及びこれに隣接する権利を定め，これらの文化的所産の公正な利用に留意しつつ，著作権等の権利の保護を図り，もって文化の発展に寄与することを目的とする。

4. 知的所有権

我が国における知的所有権には，表2に示すように，著作権や工業所有権などがある。

(1) 著作権

著作権とは知的所有権の1

表2 知的所有権の構成

知的所有権	著作権	著作権
		著作者人格権
		著作隣接権
	工業所有権	特許権（技術的な発明）
		実用新案権（考案）
		意匠権（工業デザイン）
		商標権（商品やマーク）
		⋮
	その他（不正競争防止）	

つで，著作物の創作者に与えられた権利である。今仮に，他人の著作物を自由に使用できるとすれば，各人の著作物を創作する意欲が衰え，社会全体にわたって新しい著作物の開発や創作行為が衰える結果となるだろう。このような問題を回避し，創作活動の発展に寄与するために創作者の権利として著作権が認められているのである。著作権法の第1条には，次のように示されている。我が国の著作権法には，その権利内容として大きく分けて，著作権，著作者人格権，著作隣接権が規定されている。

著作物 著作物とは著作権の対象となるものをいう。そしてその著作物とは，思想または感情を創作的に表現したものであって，文芸，芸術，美術又は音楽の範囲に属するものをいう（著作権法第2条第1項第1号）。ここで，創作的な表現については，その内容が高度である必要はないが，誰が著作しても同様の表現となるようなありふれた表現であるものについては著作物として認められない。創作されたものの芸術性の高低や，その創作者がプロフェッショナルかアマチュアかは問わない。したがって，学校等で生徒が作成した文章（作文），絵画，CG，写真，音楽，プログラムなども創作性があれば著作物となる。表3は著作物の例を示すものである。

表3 著作物の例（著作権法第10条）

著作物の種類	著作物の具体例
言　語	小説，脚本，論文，講演など
音　楽	樂曲及び樂曲を伴う歌詞
舞踏又は無言劇	ダンス，パントマイムの振り付けなど
美　術	絵画（アニメのキャラクターを含む），版画，彫刻など
建　築	宮殿，凱旋門などの歴史的建築物など建築芸術を評価できるもの
地図等	地図または学術的な性質を有する図版，模型など
映　画	映画，ビデオなど
写　真	写真，グラビア，ポスター
プログラム	コンピュータ・プログラム
編集著作物	新聞，雑誌，百科事典など
データベース	データベース
複合的な著作物	インターネット上のディジタルコンテンツなど

著作権のいろいろ　著作権の中には複製権，上演権・演奏権，上映権，公衆送信権，口述権，展示権，頒布権，譲渡権，貸与権，翻訳・翻案権，二次的著作物に関する原著作者の権利，などの幾つもの権利がある。著作者は著作権を有するが，それを譲渡することもできる。

著作権の制限（著作権者の許可がなくても著作物を利用できる場合）　著作権法は著作権者に権利が与えているので，その著作物を複製その他利用する場合は著作権者（及び著作隣接権者）に許諾を得る必要がある。しかし，種々の理由から，著作権が制限されている場合があり，**(表4参照)** 著作権者等に許諾を得なくても著作物の利用が可能とされている。これは，言わば著作権の例外規定であり，

表4　著作権の制限

- 私的使用のための複製（著作権法第30条第1項）
- 図書館等における複製（同法31条）
- 引用（同法32条）
- 教科用図書等への掲載（同法33条）
- 学校教育番組の放送等（同法34条）
- 学校その他の教育機関における複製（同法35条）
- 試験問題としての複製（同法36条）
- 点字による複製（同法36条）　など

無制限に認められているわけではないので注意を要する。詳しくは関係の法規や解説を参考にされたい。

(2) 著作者人格権

著作者人格権は，著作者が有する権利である。著作者人格権は，譲渡や放棄あるいは相続の対象外である。この権利としては**表5**に示すように3つの権利がある。

表5　著作者人格権の内容

公表権	著作物を公表したり，公表しないことを決める権利
氏名表示権	著作物の作者としての実名やペンネームなどについて，どのような氏名にするか，あるいは氏名をつけないかを決める権利
同一性保持権	著作物を意に反して改変されないようにする権利

(3) 著作権・著作者人格権の発生とその権利の保護期間

著作権及び著作者人格権は，創作によって権利が発生する。登録や届出などの手続きは必要としない。また，Ⓒの記号や著作者の表示も必要ではない。

保護期間は，現在の著作権法では，著作者の死後50年間とされている。法人著作の場合は公表から50年である。

(4) 著作隣接権

　著作隣接権は，著作権に隣接する権利である。すなわち，著作物利用者のうち，その著作物の内容を公衆に伝達するために重要な役割を担っており，著作物の創作に準じた創作性を持つ場合に，著作隣接権として権利の保護が与えられている。隣接著作権者としては，実演家，レコード製作者，放送事業者及び有線放送事業者について規定されている。**表 6** は，著作隣接権者の権利をまとめたものである。

表 6　著作隣接権者の権利

実演家の権利	実演の録音権及び録画権，実演の放送権及び有線放送権，送信可能化権，商業用レコードの報酬請求権，貸与権及び貸与報酬請求権
レコード製作者の権利	レコードの複製権，レコードの送信可能化権，商業用レコードの報酬請求権，商業用レコード貸与権及び貸与報酬請求権
放送事業者・有線放送事業者の権利	放送の録音・録画と写真その他これに類似する方法により複製する権利，再放送権・有線放送権，放送・再有線放送権，テレビジョン放送の伝達権，有線テレビジョン放送の伝達権

参考文献

(1) 著作権情報センター：ケーススタディ著作権．(社団法人)著作権情報センター，2000.
(2) 著作権情報センター：はじめての著作権講座～著作権って何？．(社団法人)著作権情報センター，2000.
(3) 情報教育学研究会・情報倫理教育研究グループ：インターネットの光と影，北大路書房，2000.
(4) 文部科学省：平成 14 年度新教科「情報」現職教員等講習会テキスト (1)，2002.
(5) 半田正夫：マルチメディアと著作権．(社団法人)著作権情報センター，2000.
　　URL　(社団法人)著作権情報センター　http://www.cric.or.jp/

問題

　著作権等に関して，最近，どのような問題が生じているかについて調査し，著作権の今日的問題について考察せよ。

2-4 有害情報とセキュリティ対策

1．違法・有害情報

違法情報は，法令に違反したり，他人の権利を侵害したりするような情報であり，有害情報は，公共の安全，善良な風俗や青少年の健全育成を害するような情報である。

これらの情報は，インターネットの普及により，社会問題化している。

都道府県警察に寄せられた相談として警察庁に報告があったものに関し，平成12年のハイテク犯罪等に関する相談状況は，件数全体（11,135件）のうち，2,896件（26％）が違法・有害情報や取締り情報で占めている。このような問題に対する取り組みとしては，「インターネット接続サービス等に係る事業者の対応に関するガイドライン」が平成10年（1998年）にテレコムサービス協会により策定されている。

また，個人レベルでの対応としては，情報の受信者が，違法・有害情報の受信を拒否できるように，フィルタリングを利用することが効果的である。フィルタリングは，対象とする情報の全文検索方式，Noリスト方式，Yesリスト方式，多段階レイティング方式などが開発され，導入に向けて進められているところである。いずれの方式にも長所・短所があり，現時点ではこれらの方法を組み合わせて利用することを勧めたい。

違法情報の例

覚せい剤等禁止薬物や銃器の売買情報，特定人に対する脅迫・詐欺・名誉毀損等刑法に抵触するもの，刑法上の「わいせつ」に該当するポルノ情報，児童売春，児童ポルノ法上の「児童ポルノ」に該当する情報などがあげられる。

有害情報の例

刑法等の「わいせつ」，「児童ポルノ」に該当しないポルノ情報や暴力的な表現などがあげられる。

※平成13年度版情報通信白書（総務省）より

フィルタリング
全文検索方式
Noリスト方式
Yesリスト方式
多段階レイティング方式

今後は，多段階レイティング方式のレイティング情報の記述フォーマットの標準化や基準などが整備されなければならない。健全なディジタル社会の構築にむけて早急の対応が望まれている。

2．コンピュータ犯罪とセキュリティ対策

(1) コンピュータウィルス

　コンピュータウィルス（computer virus）は，コンピュータシステムに被害を与えたり，いたずらを加えたりする目的で作られた一種のプログラムである。生物のウィルスのように，人に気づかれないうちに，多くのコンピュータに次々と伝染し，コンピュータシステムに異常を起こし，コンピュータが起動できなくなったり，画面に異常が発生したり，データが書き換えられたりする。コンピュータウィルスは，不特定多数のコンピュータシステムに被害を与えるものであり，特定のコンピュータシステムに不正アクセスをおこなうクラッカー（cracker）によるコンピュータ犯罪とは異なる特徴をもっている。

　情報処理振興事業協会（IPA）の発表によれば，コンピュータウィルスの発見件数および被害の届出件数の合計数は，平成10年（1998年）では2,035件，平成11年（1999年）では3,645件であったが，平成12年（2000年）には，11,109件となり1万件を越え，前年比で，3倍以上に増加しているという現状である。

コンピュータウィルス対策

　コンピュータウィルスに感染しないためには，作成者不明のプログラムや所有者がはっきりしないフロッピーディスクなどを使用しないことが重要であるが，これだけでは，コンピュータウィルスの進入を防止することはできない。コンピュータウィルスに感染しているかどうかを調べるには，ウィルスチェックプログラムが有効で，定期的に行うことが必要である。また，知らない相手からの電子メールやその添付ファイルは，原則として，開かないようにし，どうしても開く必要がある場合には，ウィルスチェックを行ってあらかじめ問題ないことを確認してからにすることが重要である。ウィルスチェックプログラムは最新のものを常に使用することが必要であるが，前述

関係サイトの例
情報処理振興事業協会（IPA）
http://www.ipa.go.jp/

のように，新種のウィルスが次々に開発されるため，その対応に追われ苦慮しているのも事実である。したがって，関係のサイトから常に最新の情報を入手することが必要であろう。また，**ウィルスウォール**の活用も効果が期待される。しかし，不幸にもコンピュータウィルスに感染してしまったら，**ワクチンソフト**を利用して，コンピュータウィルスに感染したデータやプログラムファイルについて，ウィルスを除去し，ファイルを修復しなければならない。

(2) 不正アクセス

不正アクセスは，政府機関や企業，団体等の内部のコンピュータ・ネットワークに外部から正規の手続きを経ずに不正に侵入する行為であり，不正アクセス禁止法で規定される不正アクセス行為のほか，ネットワークを介しての不正な行為全般を含む。

不正アクセスは，ネットワークシステムのプログラムなどの不備である**セキュリティホール**（security hole）をついてアクセスされる場合の他に，何らかのアクセス権を不正取得して本来の使用許可者になりすましてアクセスする場合（これを**なりすまし**という）がある。

不正アクセス対策

不正アクセス行為の禁止等に関しては，「不正アクセス行為の禁止等に関する法律」が平成12年（2000年）2月13日に施行されている。

システムの管理者が行う対策として，インターネットサービスに関わるプログラムはバグ等が改善された最新のものを利用するように心がけることが必要である。また，利用者のパスワード管理を厳重にしたり，容易に見破られる可能性のあるパスワードでの使用を認めないといったことも重要であるが，パスワードの取り扱いに関する注意をシステムのユーザ全員に喚起するなど，人に関連した対策も効果が期待できる。

個人ができる対策としては，信頼のできるインターネットサービスプロバイダを利用するようにし，Webページを閲覧するソフトであるブラウザソフトについても，最新のセキュリティ対策済であるものを使用したり，最新のコンピュータウィルス対策ソフトを用意しておく必要がある。

平成12年度通信利用動向調査（総務省）によれば，企業における不正アクセス

対策の状況としては，何らかの具体的な対応をしている企業の割合は，77.5％であり，まだ，20％以上の企業で無対策であることが分かる。

また，具体的な不正アクセスに対する対策では，ID，パスワードによるアクセス制御が 67.5％と最も大きいが，その他の対策では，ファイアウォールが 39.1％である以外は，どれも 15％未満であり，今後の緊急な対応が望まれている。

(3) セキュリティ対策

① ユーザ認証（user authentication）

認証とは，マルチユーザやネットワーク向けのオペレーティングシステムにおいて，ユーザのログオン情報が有効なものであるかどうかを調べるプロセスのことで，多くの場合は，ユーザ ID とパスワードにより行われている。これを**ユーザ認証**という。

ここで，ユーザ ID は，システムがコンピュータを利用する者を特定するための一種の名前であり，パスワードは，それが本人がどうかを確かめるためのキーワードである。

したがって，このパスワードは，本人しか知らないキーワードでなければならず，他者に簡単に分かってしまうようなものは適切ではない。そこで，パスワードを決める時には下のような点に注意しなければならない。

② 電子認証（electronic authentication）

電子認証とは，セキュリティ確保のために，ネットワーク上の個人や法人が確かに当該者（本人）

パスワードを決める時の注意点

- 容易に連想される語（例：家族の人の名前，愛車の名前，住所名，町名，…）を使用しない。
- ユーザーの個人情報（例：生年月日，血液型，電話番号，…）をもとにした語を使用しない。
- 辞書にあるような意味のある語を使用しない。
- 文字数は多い方が良い。（最低でも 6 文字以上）
- 特殊文字を含めた方がよい。（＃％＜＞などを含める）
- 定期的にパスワードを変更する。
- 過去に使ったパスワードは使用しない。
- メモ書きして見えるところに置いたりしない。
- パスワードのタイプを人に見られない。
- パスワードをファイルに書いておいたり，電子メールで送ったりしない。

であることを確認する手続きであり，電子商取引においては欠かせないシステムである。ある電子署名が本人によって行われたことを第三者によって証明する仕組みとして，公開鍵暗号方式によるディジタル署名についていえば，第三者である認証機関がディジタル署名に用いられる公開鍵の所有者の本人確認を行い，電子署名を発行して証明することとなるのである。

③ **暗号・暗号方式**（encryption）

情報を保護する目的で，その情報を意味のわからない形に変換すること。暗号化は，暗号鍵を用いて情報を暗号文に変換することで，復号化は，復号鍵を用いてもとの情報に復元することである。暗号方式は，大きく分けて，共通鍵暗号方式と公開鍵暗号方式に分かれる。

共通鍵暗号方式と公開鍵暗号方式

大切な情報を守るには，それを暗号にする必要があり，「鍵」を使用することになる。つまり，情報は鍵を使って暗号化される。その暗号を元の情報にもどすことを復号化といい，このときも「鍵」を使用する。暗号化と復号化の両方に同じ鍵を使う場合を**共通鍵暗号方式**（慣用暗号方式：conventional encryption system）といい，古典的な暗号はこの方式に該当する。この方式では共通鍵を厳密に管理する必要があり，ネットワーク上で情報通信を行う場合は，暗号化した情報を安全に送ることはできても，これを復号化するための鍵（共通鍵）を安全に送るには困難がある。

そこで考えられたのが，**公開鍵暗号方式**（public key cryptosystem）である。この方式では，公開鍵と秘密鍵の2種類の鍵を使用する。この2種類の鍵の特徴は，公開鍵で暗号化したものは秘密鍵でないと復号化できないということになる。

では，送り手（S）が受け手（R）に情報を送る場合を考えよう。まず，SはRの公開鍵を入手する。Sはその公開鍵を使って暗号化する。Sはその暗号をRに送信する。Rは自分の秘密鍵を使って暗号を復号化する。つまり，公開鍵暗号方式は，「施錠する鍵と開錠する鍵を別にすること」で安全に情報を送信することができるのである。

④ **電子署名**（digital signature）

電子署名は，ディジタル文書の正当性を保証するために付けられる署名情報であ

る。文字や記号，マークなどを電子的に表現して署名行為を行うことの全般を指している。現実の世界で行われる署名の機能を電子的な世界にも応用したものであり，特に，公開鍵暗号方式を応用して，文書の作成者を証明し，かつその文書が改ざんされていないことを保証する署名方式のことを「ディジタル署名」という。

⑤ 電子透かし（digital watermark）

電子透かしは，マルチメディアのコンテンツの中に，密かに著作権情報を埋め込み，データの流通や利用権の有無などについて検査するための方式である。

⑥ ファイアウォール（fire wall）

ファイアウォールは，LAN などにおいて外部からの不正侵入から保護するシステムである。インターネットとイントラネットの間に設置される。IP アドレスの識別によって特定のパケットだけを通過させる単純な方法から，Proxy サーバを用いる方法や非常に複雑な認証方式を利用したものまで様々な防御方法がとられている。

参考文献

(1) 情報教育学研究会・情報倫理教育研究グループ：インターネットの光と影，北大路書房，2000.
(2) 文部科学省：平成 14 年度新教科「情報」現職教員等講習会テキスト (1), 2002.

問題

最近，問題になっているコンピュータウィルスについて調査し，それらの特徴と対策についてまとめよ。

2-5 評価と規準（基準）

1. 評　　価

　評価は，その対象に対して生起した事象について測定し，さらにそれを目標との関連で解釈し，価値の決定を行い，より高い価値や目標の達成を図る過程であるとされる[1]。ここで，その価値を解釈するには，照合すべき規準が必要である。絶対評価は，教育目標を規準とし，教育目標の達成の有無やその程度を判定するので，目標規準準拠的解釈（criterion-referenced interpretation）である。一方，相対評価は，対象となる生徒の所属する集団成績を規準とし，その対象生徒の成績の相対的位置を判定する方法であり，集団基準準拠的解釈（norm-referenced interpretation）である。また，個人内評価には，①個人内差異に着目する横断的解釈によるもので，同一個人について，教科間の成績や同一教科内の観点別領域別の成績を比較するものと，②時系列変化に着目する縦断的解釈によるもので，同一教科の成績を学期初めと学期末で比較したり，前学年と次学年の成績を比較したりするものがある。個人内評価は，絶対評価に含めて考えられる場合が多い[2]。

　評価の機能と役割は，各学年，各学校段階での教育目標を実現するための教育の実践に役立つようにすることであり，生徒一人ひとりの良さや可能性を積極的に評価し，豊かな自己実現に役立てるようにすることである[3]。

2. 普通教科「情報」の目標と評価の観点

　普通教科「情報」の目標は，表1の通りであり，この目標の達成状況を4つの各観点（表2）で評価することになる。

　「関心・意欲・態度」については，①情報や情報社会に関心を持っているか，②問題を解決するために進んで情報及び情報技術を活用したか，③情報社会に主体的に対応しようとしたか，という視点で評価を行う。教科「情報」の各科目では，実習を多く取り入れており，工夫次第で生徒の関心・意欲を引き出すことができるよう

になっている。また，情報と生活や社会の関係について，徐々に理解が深められるような内容配列になっている。評価に際しては，実際の生徒の活動を想定し，できるだけ具体的な評価項目を設定することが重要である。

「思考・判断」については，①情報活用の方法を工夫したり改善したりしたか，②情報モラルを踏まえた適切な判断ができたか，という視点で評価を行う。教科「情報」では，情報を収集・処理・発信する活動や問題解決の活動が多く取り入れられている。これらの活動は，生徒が自らの考えに基づいて実行し，自らその結果を振り返り次の活動に生かすことが必要であるので，①がこの観点に含められたのである。また，情報を活用するにあたり，自分の活動が他人に迷惑をかけることがないか，そして，社会や生活にどのような影響を及ぼすことになるのかということについて適切に判断することが必要となるので，②がこの観点の趣旨に含められたのである。ここでの情報モラルとは，「情報社会で適切な活動を行うための基になる考え方」というように広く捉える必要があるとされる。

「技能・表現」については，①情報の収集・選択・処理を適切に行ったか，②情報を目的に応じて表現したか，という視点で評価する。教科「情報」において，情報を収集・処理・発信する活動や問題解決の活動は，「思考・判断」の観点だけでなく，「技能・表現」の観点からも評価する必要がある。①は，情報を活用するための一連の活動ができるような技能を表している。また，②は，情報を収集・処理・発信する活動や問題解決に活動の目的をきちんと理解し，それに応じた適切な表現ができることを表している。表現の評価については，教員が行う評価以外に，生徒の自己評価，生徒同士の相互評価を取り入れることが考えられる。

「知識・理解」については，①情報及び情報技術を活用するための基礎的・基本的な知識を身に付けたか，②現代社会における情報の意義や役割を理解したか，という視点で評価する。①については，活用するためにはどのような知識が必要かを整理し，さらに基礎的・基本的なものに精選して，確実に身に付けられるようにすることが大切であり，②では，情報社会についての調べ学習などを通して，「現代社会における情報の意義や役割」についての実感を伴う理解が求められている[4-6]。

教育課程審議会「児童生徒の学習と教育課程の実施状況の評価の在り方について（答申）」（2000年12月4日）では，評価方法の工夫改善として次の4点が示されている。

①評価を学習や指導の改善に役立たせる観点から，総括的な評価のみではなく，分析的な評価，記述的な評価を工夫すること
②評価を行う場面としては，学習後のみならず，学習の前や学習の過程における評価を工夫すること
③評価の時期としては，学期末や学年末だけでなく，目的に応じ，単元ごと，時間ごとなどにおける評価を工夫すること
④具体的な評価方法としては，ペーパーテストのほか，観察，面接，質問紙，作品，ノート，レポート等を用い，その選択・組合せを工夫すること，などが求められる。

表1　普通教科「情報」の目標

普通教科「情報」の目標
情報及び情報技術を活用するための知識と技能の習得を通して，情報に関する科学的な見方や考え方を養うとともに，社会の中で情報及び情報技術が果たしている役割や影響を理解させ，情報化の進展に主体的に対応できる能力と態度を育てる。

表2　普通教科「情報」の評価の観点

観　点	趣　　　旨
関心・意欲・態度	情報や情報社会に関心をもち，身のまわりの問題を解決するために進んで情報及び情報技術を活用し，情報社会に主体的に対応しようとする。
思考・判断	情報活用の方法を工夫したり，改善したりするとともに，情報モラルを踏まえた適切な判断をする。
技能・表現	情報の収集・選択・処理を適切に行うとともに，情報を目的に応じて表現する。
知識・理解	情報及び情報技術を活用するための基礎的・基本的な知識を身に付けるとともに，現代社会における情報の意義や役割を理解している。

3．中学校生徒指導要録と高等学校生徒指導要録の相違点

参考文献（7）によれば，中学校生徒指導要録に記載する事項等（**資料編参照**）は，「学籍に関する記録」と「指導に関する記録」で構成される。そのうち，「指導に関する記録」の［各教科の学習記録］では，観点別学習状況及び評定について記入することとされている。

観点別学習状況では，各教科の目標に照らして，その実現状況を観点ごとに評価し，A，B，Cの記号により記入する。この場合，「十分満足できると判断されるもの」をA，「おおむね満足できるもの」をB，「努力を要すると判断されるもの」をCとする。

表3　中学校の場合の評定

中学校の場合の評定		
必修教科	5	「十分満足できると判断されるもののうち，特に高い程度のもの」
	4	「十分満足できると判断されるもの」
	3	「おおむね満足できると判断されるもの」
	2	「努力を要すると判断されるもの」
	1	「一層努力を要するものと判断されるものの」
選択教科	A	「十分満足できると判断されるもの」
	B	「おおむね満足できると判断されるもの」
	C	「努力を要すると判断されるもの」

表4　高等学校の場合の評定

高等学校の場合の評定		
各教科・科目	5	「十分満足できると判断されるもののうち，特に高い程度のもの」
	4	「十分満足できると判断されるもの」
	3	「おおむね満足できると判断されるもの」
	2	「努力を要すると判断されるもの」
	1	「努力を要すると判断されるもののうち，特に低い程度のもの」

評定については，各学年における各教科の学習状況を，必修教科では，各教科別に各教科の目標に照らして，その実現状況を総括的に評価し，記入する。また，選択教科では，各教科の特性を考慮して設定された目標に照らして，その実現状況を総括的に評価し，記入することとされる。必修教科の評定は，**表3，4**のように，1から5の5段階であり，選択評価の評定は，A，B，Cの3段階である。

　一方，高等学校生徒指導要録に関する事項等（**4-4を参照**）は，中学校の場合と同じく，「学籍に関する記録」と「指導に関する記録」で構成されるが，「指導に関する記録」の各教科・科目等の学習記録において，評定のみが記載されており，中学校の場合のように，観点別学習状況の記載がない。このことは，指導要録（参考様式）をみれば明らかであり，中学校生徒指導要録（参考様式）にあった観点別学習状況の欄は，高等学校生徒指導要録（参考様式）には見当たらないのである。このことは，高等学校における観点別評価の実施において多少の影響を予想させるものであるが，指導要録に記される評定のもととなるものは，観点別評価であることを忘れてはならない。

　小・中学校の観点別学習状況については，平成13年度までの教育課程における4つの観点による学習者の実現状況を3段階で評価することが基本的に維持された。評定については，いわゆる「絶対評価を加味した相対評価」とされていたのを，「目標に準拠した評価（いわゆる絶対評価）」に改められたが，高等学校においては，平成15年度からも平成14年度までと同様に，目標に準拠した評価となっている。

4. 普通教科「情報」の評価を行うにあたって――評価規準――

　教科「情報」の指導と評価にあたっては，指導内容に即した評価規準を作る必要があり，その評価規準については，国立教育政策研究所や県等において検討されているが，最終的には，各学校において自らが行う「情報」の指導に対応した評価規準を作成しなければならない。教育課程審議会の答申[3]によれば，評価規準・評価方法等の研究開発について，おおむね，次のようにまとめられている。

(1) 関係機関において，生徒が学習指導要領に示す基礎的・基本的な内容をどの程度身に付けているかを適切に評価するために，学習指導要領に示す目標に照らして，生徒の学習の到達度を客観的に評価するための評価規準や評価方法等について研究開発する必要がある。なお，評価規準等の研究開発においては，知

識や技能の側面だけでなく，思考力，判断力，表現力のほかに自ら学ぶ意欲や態度などを考慮して評価されなければならない。
(2) 都道府県等の教育センター・教育研究所においては，評価規準に基づき，評価者の主観に大きく依存したりしないように配慮し，できる限り，客観的な評価ができるように工夫する必要がある。そのためには，評価に関する研究開発のほかに，評価を適切に行うための研修の充実が求められる。
(3) 各学校においては，校内研究・研修を通じて評価に関する研究を進め，教員間の共通理解を図るとともに，関係機関において研究開発された評価規準等を参考に，評価規準の改善を図ることが望まれる。

参考文献
(1) 天城勲ほか：現代教育用語辞典，第一法規，1981.
(2) 細谷俊夫，奥田真丈，河野重男編集：教育学大事典，第一法規，1978.
(3) 教育課程審議会：児童生徒の学習と教育課程の実施状況の評価の在り方について（答申），2000年12月4日．
(4) 中等教育資料，平成13年4月号．
(5) 中村一夫：普通教科「情報」の評価の観点，CHANNEL Vol2-1，pp.2-3，開隆堂，2002
(6) 中村祐治：普通教科「情報」の授業づくり，CHANNEL Vol2-1，pp.4-5，開隆堂，2002
(7) 文部科学省初等中等教育局：小学校児童指導要録，中学校生徒指導要録，高等学校生徒指導要録，中等教育学校生徒指導要録並びに盲学校，聾学校及び養護学校の小学部児童指導要録，中学部生徒指導要録及び高等部生徒指導要録の改善等について（通知），(13文科初第193号　平成13年4月27日)
http://www.mext.go.jp/b_menu/houdou/13/04/010425.htm

問題
評価について，インターネットの情報検索機能を利用して情報収集を行い，これらの情報を分析・整理して，レポートにまとめよ。

2-6 学習評価と授業改善

1. 学習評価

(1) 学習評価の考え方

　学習評価とは，生徒の学習成果を評価することである。つまり，生徒が，目標をどれだけ達成できているかという点について評価を行うものである。そのためには，何からの方法で関係するデータや情報を収集し，それらを総合的に分析することによって，授業者にとって次の手立てを行うための重要な情報となるのである。もちろん，生徒の中で目標を達成できていない者がいれば，どこにその問題点があるかを分析する必要がある。

　一般に，学習評価は，形成的評価と総括的評価とに分けられる。形成的評価は，現在行われている学習活動の達成度や問題点を明らかにし，生徒に自らの学習状況を認識させ，必要な改善や努力を促進させるために利用される。一方，総括的評価は，単元や科目全体の学習状況を評価し，今後の自己学習に役立たせるためのものである。いわゆる「評定」は，総括的評価と連動する部分も多くあるが，本来，保護者や進学・就職先などの第三者に対して行われるものであるので，学習者へのフィードバックを目的とする学習評価とは異なる点に注意を要する。詳しくは，**参考文献（1）**を参照されたい。

表1　評価の観点と学習評価の方法

観　　点	学習評価の方法
関心・意欲・態度	●学習活動の観察をする。 ●作文を書かせる。 ●評定尺度法により評価を行う。 ●列挙法により評価を行う。
思考・判断	●テストをする。 ●計画書・企画書を作成させる。 ●質疑応答を行う。
技能・表現	●計画書・企画書を作成させる。 ●演習・実習を観察する。 ●実習による作品を評価する。 ●レポートの提出をさせる。
知識・理解	●テストをする。 ●討論をさせる。 ●レポートの提出をさせる。

(2) 学習評価の方法

　学習成果を評価する代表的な情報収集の方法は，テスト，観察，レポートなどである。これらは，一般に，教師が評価を行う際に用いられるが，自己学習力の育成のため，生徒自身や生徒間の相互評価の方法としては，ドリル，討論，評定尺度法（到達度を幾つかの段階で表す主観的な方法）などがある。

　参考文献(1)(2)をもとにして，評価の観点と学習評価の方法をまとめると**表1**のようになる。

2. 授業改善

(1) 教授・学習過程の評価

　授業者は，学習評価を行うと，目標を達成できていない生徒がいることに気づくだろう。目標が達成できない原因は，全て生徒側にあると考えるのは間違いである。それは，教師の指導法に問題がある場合も少なくないからである。例えば，教師の説明不足や説明の不備のために，一部の生徒に誤解を招くような点があったり，授業者の指導法が一部の生徒のみに有効である場合には，当然のこととして，生徒は目標に達成できないまま，その授業が終了することになるのである。

　教科「情報」は，新しい教科なので，授業者側に十分な経験があるとはいえないかもしれない。しかし教授・学習過程の評価は，教師としての経験があれば，他教科での経験でも十分な場合も多いのである。生徒に興味・関心の強い課題を提示し，情報技術の活用も考え，授業者にとっても身近で簡単なところから手を付けることにし，この作業を繰り返すことで，教授技量を向上させることができるであろう。

　教授・学習過程の評価を行う時には，情報の伝達・発信における生徒の活動の評価を考慮したり，プレゼンテーションやコミュニケーションの評価・改善方法を授業の評価に適用したりして検討を行えばよいだろう。その際には，相互評価や自己評価もあるし，教師や生徒の相互作用に着目した分析・評価法もある。評価のために収集されたデータや情報は，情報技術を活用して分析・表示するとよい。また，他の教師と情報の交換を行ったり，授業の改善に向けて共同研究をすることも重要である。いずれにしても，教師は，授業者として自らに対しても，常に評価の視点を持ち工夫を施して，教育効果の高い教材の開発や教育法の開発に努めなければならないのである。

(2) 授業分析と授業改善

ここでは，授業分析について考察しよう[3]。広辞苑によれば，「分析」とは，「或る物事を分解して，それを成立させているもろもろの成分・要素・側面を明らかにすること」と記されている。これを授業に当てはめると，「授業を分解して，それを成立させているも

> **分析とは**
> 或る物事を分解して，それを成立させているもろもろの成分・要素・側面を明らかにすること。

ろもろの成分・要素・側面を明らかにすること」ということになるが，では，ここでいう，「成分・要素・側面」とは何であろうか。

授業は物体ではないので，化学分析のように，対象を各成分に分解してその構成を明らかにするのは，非常に困難なことである。広辞苑に示された意味で分析が可能なのは，化学分析のように，物質を構成する基本的なもの（例えば，原子）が分かっているからであり，授業を成立させている成分・要素・側面が明確でない限り厳密な意味で，授業の分析は不可能といえるかもしれない。

しかし，教育工学など教育実践に関係する分野では，今でも，授業分析をいう用語は，授業改善を考える上で，重要な用語となっているのである。授業分析の概念を明確にするには，「授業分析の目的」を考える必要がある。

教員養成の最終段階の1つとして位置付けられているものに，教育実習がある。これは，授業観察や授業参観実習などと区別して，本実習と呼ばれることもある。教育生が授業を行った後で開かれる授業反省会において，授業観察者の助言や感想などをもとに，また，可能ならば，生徒の意見も参考にして，授業者（教育実習生）は，熟練教師の指導のもとで，授業改善の糸口を得ることができるであろう。しかし，授業反省の場において，感想の域を脱し，有効で具体的かつ詳細な考察を行うためには，感想や意見の根拠となる客観的なデータや情報を提示する必要がある。つまり，誰もが共通に理解し納得できる客観的なデータや情報を，授業反省会で提示することができれば，授業観察者の助言や感想は活きたものになり，授業改善という問題解決において具体的な指針を得ることができることだろう。そのためには，授業を教師と生徒のコミュニケーション過程として捉え，時間とともに変化する事象として何らかの方法で記録・記述する必要がある。また，その記録・記述は，質的にも量的にも処理可能であればなお良い。

授業分析法とは，この記録・記述をもとにして，数値処理，文字処理，グラフィ

ック処理等の処理を施し，情報手段や情報技術を活用して，授業改善のための指針となる情報を引き出す手法であるといえるのである。

授業分析手法には，フランダースの方法や筆者が開発に関わったS－T授業表示法があるが，これらは，カテゴリー分析法ともいわれる。それは，

> **授業分析法／授業分析手法とは**
> 　授業過程を何らかの方法で記録・記述し，そのデータをもとにして，数値処理，文字処理，グラフィック処理等の処理を施し，情報手段や情報技術を活用して，授業改善のための指針となる情報を引き出す手法である。

授業過程で現れる種々の現象（教授行動や学習活動）を，カテゴリーとして分類・整理しておき，授業が始まると同時に，そのカテゴリーによる記述を行い，このデータをもとに情報処理を施すものである。詳しくは，**参考文献(3)**を参照されたい。

参考文献
(1) 文部科学省：平成14年度新教科「情報」現職教員等講習会テキスト (1)，2003.
(2) 中村祐治：普通教科「情報」の授業づくり，CHANNEL，Vol2-1，pp.4-5，2002.
(3) 松原伸一：8章 授業分析手法,「講座 教育情報科学3　教育とデータ分析」，第一法規，pp.195-218，1988.

問題
複数にわたる「学習評価の方法」を取りあげ，その長所と短所について考察せよ。

コラム

ディスプレイの解像度
　ディスプレイの解像度は、画面を構成するピクセルの数で表現する。主なものを示すと次のようになる。

名称	解像度（横×縦）
VGA	640 × 480
SVGA	800 × 600
XGA	1024 × 768
SXGA	1280 × 1024
UXGA	1600 × 1200
QXGA	2048 × 1536
QSXGA	2560 × 2048
QUXGA	3200 × 2400

2-7 実習の取扱いと年間指導計画

1. 実習の取扱い

(1) 教科「情報」における実習の役割

　教科「情報」には，普通教科「情報」と専門教科「情報」があるが，これらの目標がそれぞれで異なっているため，自ずと実習の役割も異なったものになると考えてよい。すなわち，普通教科「情報」で重視したいことは，生徒の興味・関心を高め，自己学習力を育成することであり，そのためには，必然性を配慮して学習過程を計画し，学習の必要性を生徒が十分認識し，また，学習の成果を生徒自身で評価し改善できる力を身につけさせることが大切である。

　一方，専門教科「情報」では，専門知識や職業的技能，実践的な問題解決能力の育成に重点がある。したがって，一般の人には困難と思われるレベルの能力・資質の育成が求められ，これが指導の基本的方針となる。また，仕事を継続するために，安全に，かつ，的確に仕事を行う能力や現実の競争社会に対応するため，自己の効果的なPRなどができる独自性や個性なども重要である。そのためには，座学で得られる知識・理論に加えて，これらでは得られない能力，すなわち，実践的技能や経験的ノ

実習の役割

普通教科「情報」の場合
　興味・関心を高め，自己学習力を育成
- 必然性を配慮した学習過程を計画
- 学習の必要性を認識させる
- 学習成果を生徒自身が評価

専門教科「情報」の場合
　専門知識や職業的技能，実践的な問題解決能力の育成
- 一般の人にとって困難と思われるレベルの能力・資質の育成
- 仕事が継続できるために，安全に，的確に仕事を行う能力
- 現実の競争社会に対応するため，自己の効果的なPRができる
- 実践的技能の獲得
- 経験的ノウハウの獲得

ウハウの獲得や，失敗しないための精度の高い技術と自信を持つための繰返し作業，現実に対応した課題解決の実践などが重要である。このように，専門教科「情報」における実習の役割は，欠かすことができないし，限られた時間内であっても最大限の効果を目指して，計画されなければならないのである。

普通教科「情報」では，「情報 A」で総授業時間全体の 2 分の 1 以上を，「情報 B」および「情報 C」では，3 分の 1 以上を実習に配当しなければならない。また，専門教科「情報」では，「情報実習」という科目が設けられているが，これも含めて，専門科目に配当する総授業時数の 2 分の 1 以上を実験・実習に配当しなければならないのである。

以上のように，教科「情報」では，普通教科及び専門教科，または，普通教科の中でも各科目によって実習の配分時間が異なるが，いずれにしても，他の教科に比して，授業の総時間数に対して実習時間の占める割合は大きく設定され，授業を展開する上で，実習がいかに重要であるかを認識せざるを得ないだろう。本書の姉妹書に，具体的な実習事例をまとめたものがあるので，あわせて参照いただきたい。

実習の配当時間
（総授業時間に対する実習時間の割合）

普通教科「情報」
情報 A　1／2　以上
情報 B　1／3　以上
情報 C　1／3　以上

専門教科「情報」
情報実習の時間も含めて
　　　　　1／2　以上

2．年間指導計画

(1) 年間指導計画の作成に当たっての留意点

年間指導計画を作成するには，中学校までの学習との関連や，他教科における情報教育との連携，および，普通教科「情報」の単元間の連携に留意する必要がある。中学校における情報教育は，技術・家庭科「情報とコンピュータ」や社会科公民的分野，「総合的な学習の時間」の他に，選択教科や全ての教科等を通して行われている。この中で特に注目されるのが，技術・家庭科での「情報とコンピュータ」であることは言うまでもない。このことについては，「1-4　小・中学校における情報教育」の項目を参照されたい。

以上のように，生徒は中学校までの段階で情報教育を受けていることになるが，

選択履修や学校での違い，個人差など種々の理由から，知識や技術のレベルに違いが見られるだろう。そこで，事前に生徒の実態を把握することは，授業を円滑に効果的に進める上で，また，指導計画を立てる上でも重要なことである。

> **中学校での情報教育**
> ● 技術・家庭科「情報とコンピュータ」
> ● 社会科公民的分野
> ● 「総合的な学習の時間」
> ● 選択教科
> ● その他

事前評価で調査すべき項目としては，以下のようなものが考えられる。
・想定している課題に関する基礎知識や興味・関心について
・コンピュータに関する基礎知識について
・利用したいソフトウェアや情報機器に対する基本操作の習熟度について
・技術・家庭科「情報とコンピュータ」で選択して学習した項目について
・情報モラルに関する基礎知識

上記のほかにも，把握しておくと良いことも多いだろう。授業者自身で，自分の観点で整理しなおして，アンケートを行うのも良いだろう。

(2) 年間指導計画（略案）の例

年間指導計画は，学習内容を漏れなく，効果的に配分し，決められた時間内で授業を展開する上で重要な作業となる。一般には，授業者は，使用する教科書を読み，分析して，関係資料等を参考にしながら，年間の指導計画を立てることになるだろう。

年間指導計画は，かなり詳細なものから，大まかな時間配分を示すものなど，種々考えられるが，ここでは，紙面の都合もあるので，大まかな指導計画（略案）の一例を**表1**に示す。参考とした教科書は，「情報A」（平成15年度用，開隆堂）である。詳細案については，**参考文献（1）**及び**（3）**を参照されたい。

表1 年間指導計画（略案）の例

章	節	学習内容	配当時間	実習時間
1		情報社会に生きるわたしたち	2	1
2	1	情報機器の役割	4	2
	2	問題解決の工夫と情報機器	6	3
	3	情報伝達の工夫	6	3
3	1	情報の検索と収集	6	3
	2	情報の共有と発信	10	6
	3	情報活用のルールとマナー	6	3
4	1	情報の統合	6	3
	2	情報の統合的な処理	12	8
5	1	情報機器の発達とそのしくみ	6	3
	2	情報化の進展が生活に及ぼす影響	4	2
	3	情報社会への参加と情報技術の活用	2	1
		年間総授業時数	70	38

（※実習時間の割合　38／70　→　54.3％）

参考文献

(1) 文部科学省：平成14年度新教科「情報」現職教員等講習会テキスト (1), 2002.
(2) 開隆堂：「情報A」教科書, 2003.
(3) 開隆堂：「情報A」指導書「授業研究編」, 2003.

問題

普通教科「情報」の「情報B」,「情報C」についても，年間指導計画（略案）を作成せよ。

2-8 情報化に対応した教員

1. 指導力向上のために

　情報活用能力の育成やコンピュータやインターネットを効果的に活用したいわゆる「わかる授業」の実現には，情報に関する教科のみで達成できるものではない。つまり，各教科の指導において，全ての教員が情報化に対応することが重要で，そのためには，学校の教育活動全体で取り組まなければならないのである。情報化に対応するためには，一人ひとりの教員が，指導力向上の必要性を理解し，校内研修等を積極的に活用することが必要である。

　情報化に対応した教員の指導力向上のための研修は，各学校において情報化推進リーダーを中心として校内研修が行われている。また，都道府県の教育委員会が校内リーダーの養成に加え，経験年数に応じた研修や校長等の管理職を対象とした研修においても，情報教育や情報化への対応の必要性を認識させることになっている。

　一般の教員にコンピュータなどを活用した指導法を習得させることを目的とするもの，情報科担当教員などの情報教育専任教員の指導力向上を目的とするもの，基本的な機器の操作習得を目的とするものなど，多様な研修が企画され実施されているのである。それぞれの教員は，この校内研修やその他の研修機会を積極的に利用し，指導力の向上に努めなければならないのである。

2. 求められる指導力とは

　これまで求められていた操作技能は，ワードプロセッサ，表計算ソフトウェア，データベース用ソフトウェア，インターネットなどの基礎的なものであったが，今後は，各教科でコンピュータ等の多様な活用を図るために，プレゼンテーション，テレビ会議システムを使用した交流学習，ディジタルカメラやディジタルビデオを活用したマルチメディア教材の作成など，実際の授業活動に役に立つ操作技能を身に付けることが必要である。

また，いわゆる「情報化の影」の部分についての理解を深め，情報モラルの育成に努めることは，極めて重要と言わざるを得ない。特に，情報の真偽に関わる問題や，著作権やプライバシーの問題などについては，具体的な場面が発生した際に，見過ごすことなく繰返し触れることが重要とされており，全ての教員が正しい知識をもち適切に指導することができるようにならなければならない。

今後，教材作成や指導計画の作成，生徒の学習状況の整理や分析などにコンピュータや情報通信ネットワークがますます活用される状況において，著作権や個人情報の取扱いは，全ての教員が正しく理解し実践ができなければならない。

校内研修の実施にあたり配慮する点

① 学校や教員の実態に応じた具体的な達成目標を設定した年間研修計画を作成すること。

② 教員全員の研修，教科や分掌に関係した研修，コンピュータ等の習熟レベルに関係した研修など多様な研修形態を組み合わせること。

③ 情報化リーダー（情報教育担当）だけでなく，その良き協力者としてのサブ・リーダーを養成し，研修を実施すること。

④ 派遣された情報処理技術者等については，校内研修時に技術的な支援を依頼するとともに，コンピュータシステムのトラブルシューティングの方法や新しい技術の動向に関する知識や技能を習得するための研修を依頼するなどして緊密な連携のもとで研修を行うこと。

3．研修機会の充実

校内研修は，教員一人ひとりの指導力を向上させるために充実したものにしなければならない。そのためには，ただ単に研修の日数を増やすといった方法だけでなく，限られた時間の中で効果的な計画を立てて研修を実施したり，定期的に行うなどの工夫が必要である。

校内研修以外では，都道府県・政令都市の教育委員会により，教育センター等において様々な研修講座が用意されている。これらの研修プログラムを利用したりするのも良いが，さらに，民間団体等が実施するものもある。民間団体が実施する研修には，情報教育関連財団，新聞社，出版社，メーカー等が主催するものがある。

無料のものから有料のものまで様々であるので，料金や研修内容等を検討してから参加する必要があるだろう。

この他には，先進校を視察することも有効な研修となる場合が多い。その際には，自分の勤める学校での問題点や課題を整理し，視察の目的を明確にして，場合によっては，質問事項なども準備しておくのもよいだろう。また，視察時には，カメラ等で重要なポイント等を記録しておき，視察後にその成果を，教員全体で共有することも重要である。

先進校の視察に際して配慮すべき点

① 自分の勤める学校での問題点や課題を整理し，視察の目的を明確にして，場合によっては，質問事項なども準備する。
② 参観できる授業については事前に打合せを行う。
③ 視察時には，カメラ等で重要なポイント等の記録をとる（視察後にその成果を，教員全体で共有するため）。

4．ティーム・ティーチングの活用

コンピュータを活用する授業では，特にティーム・ティーチングを積極的に行うことが重要と考えられる。それは，複数の教員がそれぞれの得意分野や専門性を生かすことができ，生徒へのきめ細かな指導が可能になり，効果的な指導が期待される。特に，コンピュータや情報通信ネットワークを活用した授業の場合は，機器の操作の指導において，一人ひとりの生徒の活動に支援ができたり，機器のトラブル発生時にも対応が容易になるなど極めて有効なのである。ティーム・ティーチングを行う際には，教員の役割分担について共通の理解を図り，指導が効果あるものになるように事前の打合せが必要になる。

5．研究授業・公開授業の開催

最後に，教員の指導力を向上させるためには，何よりも自らが授業研究を行い，教材開発や教育方法の開発に関わっていくこと，その成果を確認するためにも，校内で研究授業を行ったり，公開授業を開催するなどして，他の教員からの意見や評価を参考にして更なる改善を図ること，などが重要である。すぐれた授業は，それ

を研究することにより，教員全体の共有財産となるのである。

参考文献

(1) 文部科学省：情報教育の実践と学校の情報化～新「情報教育に関する手引き」～，2002.

問題

インターネットを利用して，教員研修にはどのようなものがあり，また，どのようなところ（開催機関，場所）で開催されているかを調べてまとめよ。

コラム

本質を考え抜く力——脳力(のうりき)

寺島氏によれば，脳力という言葉は，問題の本質を見抜く力，問題の本質を考え抜く力という意味（注を参照）である。和歌山県が生んだ世界的な博物学者と言われる南方熊楠がこの脳力という言葉を好んで使っていたとされる。高度情報通信社会においては，今までにも増して，情報の信頼性や信憑性について十分に意識し，必要があればコンピュータなどの情報機器を活用して，問題を意識し分析することで，その本質を見抜いて自らの力で問題解決をすることが重要であり，教科「情報」の教育においても，脳力という言葉をキーワードにしたいものである。詳しくは氏の著書等を参照されたい。

注．中央教育審議会第233回（1997年7月19日）において「新しい時代における教養教育の在り方について」という議題で，有識者からの意見発表および討議が行われたが，その際の寺島実郎氏（株式会社三井物産戦略研究所長）の意見発表（議事録）を参考にした。

Part 3

情報科教育　発展編

3-1 正しい情報は存在するか？

1．問題提起

「正しい情報は存在するか？」という問いかけをすれば，皆さんはどのように応答するだろうか。

筆者は，学部や大学院での複数の授業で，このような問いかけをしたことがあるが，その時，受講者の中には，多くはなかったが，この問いかけに対して，質問をする者がいた。その質問は，概ね，「**正しいとはどういうことか**」というものや，「**情報とはどういうものか**」というものであった。

筆者は，とりあえず，「正しい」という意味や「情報」の意味については，自分自身で考え決めてから考察するように指示をしたのである。つまり，この課題は，まず，言葉の意味を自分で考えて整理し，自分としての独自の結論を出して欲しいと考えたからである。

2．意見分布を調べるには？

教室にいる受講者が10人以下であったら，各人に聞いてみて，もし意見が分かれるようであれば，存在すると主張するグループと，存在しないと主張するグループに分けて，討論するのも良いだろう。

しかし，受講者の数が10人を超えるような場合は，どうすれば良いだろうか。数人の受講者に聞いて見るのも良いが，なるべくなら，受講者全員に応えてもらいたいものである。筆者は，ジャンケンでお馴染みの「グー」と「パー」を使用することにし，受講者全員に応えてもらったのである。

その方法は簡単である。存在すると思う人は「グー」を，存在しないと思う人は「パー」にして同時に手をあげてもらうのである。このように，意見の違いを手の形の違いに対応させれば，手をあげるのを同時に行っても意見分布を調べることができるのである。よくあるように，「存在すると思う人は手をあげて下さい」というの

であれば，2回行う必要があるし，なにより，他人や多数の方に便乗するのではないかという心配がある。このジャンケン方式では，むしろ積極的に，他人の出す手を良く見るように指示することで，全体の意見分布と自分の意見との関係を考えさせることができるのである。情報理論の立場で解説すれば，「存在するという通報[注]」と「存在しないという通報[注]」とをそれぞれ，「グー」および「パー」という異なる表現（記号・符号）に対応させることにより，同時に各人の通報の発信を可能にしているのである。

　意見の分布は，複数の授業で調べたが，その結果はいずれの場合も，「正しい情報は存在する」と答えたものの方が圧倒的に多かったのである。

3．正しいとは？

　その後，「正しい」ということについて，どのように考えたのかを尋ねてみると，概ね次のような2つの概念に分けられた。

　一つは，「正確」といったような意味であり，これは，正しいものを事実とし，情報がどの程度事実に合致するかという考え方であり，事実がある以上，正しい情報は存在するという考え方の人が多かったのである。

　もう一つは，「正義」のような意味合いであるが，これは主観的で曖昧な要素も多く，正しい情報は個人によって捉え方が異なり，それゆえに，「存在するとする個人」や「存在しないとする個人」がいることになり，一部の個人でも存在すると思うものがいる限り，正しい情報は存在すると結論づける人や，個人に依存するがゆえに共通性がないことを根拠にして，存在しないと結論づける人がいたのである。「正確」と考えた人の方が，「正義」と考えた人よりも，人数の点で多かったのは興味深い。

4．データと情報

　次に，情報についてであるが，ここでは，次のような問題を先に提示しよう。

　　　　　データと情報は同じか？

私達は，日常生活において，**データ**（data）と**情報**（information）を必ずしも厳密に区別して使用している訳ではなく，ほとんどの場合において，同じ意味として使用していることが多い。しかし，データと情報は，はたして完全に同じ意味であろうか？

　ここでは，幾つかの辞書の説明を参考にしながら，著者の経験をもとにデータと情報の意味の違いについて考察したい。

　辞書によれば，データ（data）とは「ラテン語の datum の複数形である」と記されたり，「コンピュータで扱う情報で，数値や文字，記号などをコンピュータ処理に都合のよい形として，表現したもの」と説明がある。

　また，別の事典には，「まだ特定の目的もなく，したがって評価も与えられていない諸事実を客観かつ中立的に示している記号および系列」という説明がある。私にはこの説明が最も的を得ているように思われる（表1）。

表1　データの意味

データとは
ラテン語の datum の複数形。1項目の情報のことである。従来からの定義では，1項目の情報を datum と呼び，複数項目の情報を data と呼ぶ。（中略）ただし，実際には，data は単数形としても複数形としても使われることが多い（マイクロソフト・コンピュータ用語辞典［第二版］，（株）アスキー，1995）。
コンピュータで扱う情報で，数値や文字，記号などをコンピュータ処理に都合のよい形として，表現したもの（パソコン用語事典，技術評論社，1995）。
まだ特定の目的もなく，したがって評価も与えられていない諸事実を客観かつ中立的に示している記号およびその系列（情報用語辞典，日本経済新聞社，1975）。

表2　データと情報の相違点

		データ	情報
形　態		記号およびその系列	
特　徴		客観的である。	主観的である。
		中立的である。	発信−受信者間に 　意図が介在（発信者側） 　目的が存在（判断，意思決定）
		経済的価値がある（データベース）。	受け手により価値が変化する。

データと情報の特徴を，整理してみれば，データも情報も形態としては同じものであり，いずれも「記号およびその系列」と考えて良い。記号およびその系列に対し，まだ特定の目的もなく諸事実を客観かつ中立的に示し，したがって評価も与えられていない場合，それはデータであるといえる。そのデータに対して，評価がなされ目的や意図や価値が与えられることにより，人間が行動の意思決定または選択に役立てられる場合，それは情報になると考えて良い（**表2**）。

　データも情報もその形態に違いはないので，これらをいつも区別して取り扱う必要はないかもしれないが，その微妙な違いを理解することで，私達の概念に幅の広がりを提供してくれることだろう。

　言い換えれば，データは客観的な視点で捉えた場合であり，情報は主観的な視点で捉えた場合の表現である。したがって，データが情報になるということは，「まだ特定の目的もなく，したがって評価も与えられていない諸事実を客観かつ中立的に示している記号および系列を，人間が行動の意志決定または選択に役立てるための一連の記号とその系列に置き換えることまたはその認識の変化」と説明することができるだろう[1]。

5．事実とは？

　次に筆者は，下記のような問いかけを行ったのである。それは，

> 「Aさんが走っていて，転倒して大怪我をした」という知らせがあった場合，それを聞いた人は，どう思うだろうか。

という問いかけである。その知らせを聞いた人は，かわいそうにと思うかもしれないし，Aさんを知っている人なら，また，別の感情を持ったかもしれない。

　しかし，その後，次のような知らせが届いたらどうだろう。すなわち，それは，

> 「Aさんは，走る前に悪いことをして，人に追いかけられていた。」

ということである。そうすれば，Aさんは，悪いことをして，警官に追いかけられ

ていたので，走って逃げていたのであり，その途中で転倒して大怪我をしたことになる。そうであれば，最初に，かわいそうにと思った人も，別の感情を持った人も，これらとはまた違った思いを持ったことだろう。

　これは，最初の情報すなわち，「Aさんが走っていて，転倒して大怪我をした」という知らせは，結果として，事実の一部だけが伝えられたことであり，「Aさんが人に追いかけられていた」という事実は，最初の知らせを行った人が隠していたのか，或いは，知らなかったことになるだろう（他にも考えられるので，各自で考えてみて欲しい）。しかし，いずれにせよ，このことは，次の問題へと発展するのである。

　　　事実の一部のみを伝える情報は，正しいといえるか？

　この問いかけを行った結果，正しいとはいえないと答える者が多かった。
　そうすると，次の問題が浮上することだろう。それは，

　　　事実を正しく伝えることはできるか？

ということである。
　事実は，無限の過去から無限の未来へといたるところで脈々と営まれているものである。すなわち，事実は時間的・空間的に無限の広がりをもっていると考えれば，どのように努力しても事実の一部を伝えることしかできないだろう。そうすれば，事実の一部を隠したり，或いは隠さないまでも全体を知らないで伝えることに不安を感じることだろう。これでは，結局のところ，事実を正しく伝えることはできないということになる。

6．正しい情報は存在しない？

　以上のことから，事実をただしく伝えられない以上，正しい情報は存在しないということになるのである。後にアンケートをとってみたが，最初の分布とは逆転し，ほとんどのものが，「正しい情報は存在しない」と答えたのである。
　これは，一つの論理である。このような筋道が本当に適切かどうかは，読者の判

断にゆだねたい。この例を参考にして，生徒達で討論をすれば，面白い授業の展開が期待されるだろう。

　重要なのは，「正しい情報は存在しない」とする結論ではなく，その結論に至るまでの考察（思考のプロセス）である。結論は，「正しい情報は存在する」というものであっても問題ではないのである。その場合でも，正しくない情報があることは認識できるであろうから，情報の信頼性・信憑性などについて考えさせる良い機会となるだろう。この活動は，メディアリテラシーの教育やディベートを活用した授業へと発展させることもできるだろう。各自で授業の構想や設計を行ってみると良い。

注　情報理論では，「通報」という表現を使用する。

参考文献
(1) 松原伸一：ディジタル社会の情報教育～情報教育を志す人のために，開隆堂，2002.

問　題
　最近の出来事などでマスメディアが報じた記事について取りあげ，その情報の信頼性について検討せよ。

3-2 常識はいつまで通用するか？
~コンピュータの誕生から高度情報通信社会へ~

1. コンピュータの誕生から社会の情報化

(1) 世界初のコンピュータ
ENIAC と ABC マシン

　平成5年度に使用された技術・家庭科の教科書（文部省検定済）には，世界で最初のコンピュータは，ENIAC であると記されている。その ENIAC は，1946年に米陸軍弾道研究所の協力の下でペンシルバニア大学で開発されたものであり，18,000本の真空管を使用し，総重量30トン，床面積15,00 フィート（約135 m^2），消費電力 140kW であったとされる。

　一方，「ENIAC 神話の崩れた日」[1] によれば，米アイオワ州立大学のアタナソフらによって開発されたマシン（この本では，「ABC マシン」としている）が，ENIAC より先に開発され，その一部が ENIAC の開発に寄与しているというのである。これは，1973年の裁定で ENIAC 側が敗訴したことをその根拠にしている。

　筆者は，ENIAC 誕生50周年に当たる1996年にペンシルバニア大学を訪問する機会を得た。日本では，「ENIAC 神話の崩れた日」が出版された年の明後年に当たる。ペンシルベニア大学では，ENIAC が世界最初の電子的大型汎用ディジタルコンピュータ（**THE WORLD'S FIRST ELECTRONIC LARGE SCALE, GENERAL-PURPOSE DIGITAL COMPUTER**）であると紹介されていた。確かに，大型で汎用のコンピュータという見方をすれば，アタナソフの ABC マシンではなく，ENIAC が世界最初といえるだろう。

EDSAC

　また，「誰がどうやってコンピュータを創ったのか？」[2] では，ABC マシンが最初の電子計算機とされる根拠は，電子的（ディジタル型）処理，2進法の採用，コンデンサによる再生記憶，論理演算回路などによるとされるが，このような，ハードウェアの点からではなく，アーキテクチャの視点から，世界最初のコンピュータ

を論じる必要性を指摘している。それによると，現在，普通に使用されるコンピュータは，可変プログラム内臓方式を必須条件としているが，アタナソフのABCマシンは，プログラムを内蔵していないというのである（ENIACも同様である）。

したがって，「アタナソフがコンピュータを発明した」という点については，「コンピュータにおいて使用される基本技術のいくつかがアタナソフによって発明された」と言うべきであるとしている。このような視点からみれば，世界で最初のコンピュータは，英国ケンブリッジ大学で開発されたEDSACであるという。

このように，世界最初のコンピュータは何かという問題については，コンピュータの定義やその歴史的事実の認識などの相違から，今でも種々の議論が見受けられるのである。

はたして，世界で最初のコンピュータは，米アイオワ州立大学のAtanasoffらによるABCマシンか？ 米ペンシルバニア大学のMaucklyらによるENIACか？ また，英ケンブリッジ大学のWilkesらによるEDSACか？ それとも，これら以外のマシンか？ 読者の皆さんはどう考えるだろうか？

しかし，いずれにしてもコンピュータは，その発明からせいぜい50年程度の歴史しかないということはどうやら明らかなようである。

(2) 世界初のガソリン自動車

次に，比較のために，ガソリン自動車の誕生について考えてみよう。そこで，コンピュータの場合と同様に次のような質問をしてみよう。それは，「世界で最初のガソリン自動車は何か？」というものである。

1886年にカール・ベンツが0.9馬力のガソリン三輪車で特許を取得し，また同年，ゴットリープ・ダイムラーとマイバッハが4輪動力車の製造に成功している。このことから，1886年は世界最初のガソリン自動車が誕生した年ということになっている。つまり，ガソリン自動車の歴史が110年以上もある一方で，コンピュータの歴史はその半分以下という浅いものなのである。

ところが，カール・ベンツは，彼の行動をみれば，現在のようなモータリゼーションの社会を110年以上も前に十分予想していたと思われる[3]。しかし，アタナソフやモークリらは，現在のような状況，すなわち自動計算機械という概念を超えた情報処理装置（コンピュータ）による本格的なディジタル情報の社会を50年前に予想できたであろうか？ 発明からわずか50年程度の歴史しかないコンピュータ

が，これほどまでに進化・普及し，私たちの周りのあらゆる分野に浸透して，身近な存在として位置づけられるとは，いったい誰が想像し得たであろうか？

社会は情報化により，急速に変化している。現在の種々の常識は，いつまで通用するのだろうか？　不安な点も多いが，それだけに，私たちは，うわべの理解に終わることなく，本質的な理解にまで深める必要があり，このことは，問題解決と深いかかわりがある。

2．社会の情報化

(1) 工業社会から情報社会へ

工業社会は物の生産が中心であるといえる。つまり，物質とエネルギーを効率よく制御して，大量生産により低コストで品質の高い製品を生産することに主眼がおかれている。情報社会では，物質とエネルギーに加え，情報の存在が重要になり，多様な情報機能の有機的な活用を主軸とした社会であるといえる。

情報社会（information society）の定義を厳密に行うことは困難であるが，濱口氏は，『物質・エネルギーの形相を示す「情報」によって，生活上必要な＜もの＞を生産し，流通させ，消費する過程がうまく制御される，その度合が強まった社会，「情報」そのものを処理し，的確に伝達する技術が飛躍的に進展し，「情報」の処理と通信が仕事の中心となるような産業形態，コンピュータや種々の放送・通信機器の革新によって「情報」のすぐれた制御機能が発揮されるとともに，時間・空間の制約を越えて「情報」が瞬時に伝えられ，また，豊かに蓄えられたデータベース，知識ベースに依拠した生活が営まれるようになる社会』と定義している[4]。

また，新氏によれば，情報化社会といえるための条件は，「コンピュータの開発と活用による第5次情報革命が先行し，利用可能な財貨やサービスの生産，消費，ストックが，社会のなかで一定の水準に達し，その結果，社会生活における，情報化のメリットが具体的に現われる状況下で，つまり当該社会が脱工業化の段階に位置づけられるような場合に，社会的に利用可能な情報処理機器が一定の水準で確保されていること。活用し得る人間の知的能力が，個人的もしくは社会的に，一定の水準に達していること。」であると述べている[5]。

（2）リアルとバーチャルの錯綜する社会へ

　最近よく「バーチャル」という言葉を見聞きするが，「バーチャル」という本当の意味は何であろうか？　ここでは，バーチャルの本質について考察しよう。

　筆者が10年ほど前に，バーチャルについて講義しようと準備をすすめていたときのことである。もちろん，「バーチャル」が「仮想」であることは知っていが，念のためということで，virtualの英語の意味をある英和辞典で調べたことがある。そこには，「表面上または名目上はそうではないが，事実上の，実質上の，実際上の」という意味であるとの説明があったが，「仮想」という意味は記述されていなかったのである。

　「バーチャル・リアリティー」は，ゲームなどではお馴染みの言葉であり，「仮想現実」と訳されるのが多い。このことからも容易に予想がつくが「バーチャル」の意味は，一般には「仮想」と認識されているから，仮想という記述が辞書にあるものと考えていたが，残念ながらその辞書にはなかったのである。もっと新しい英和辞典なら仮想についての記述があったかも知れないが，その時，辞書に仮想という説明が無かったことで，その本質を知る良い機会に恵まれたと言ってよい。そもそも「仮想」とはどういう意味であろうか？「仮に想像すること」のように漢字の説明に留まっていたのでは「仮想」という本当の意味にたどり着けないのは明らかである。

　その辞書には次のような3つの例文があった。

例1	the virtual ruler of a country.	ある国の実質上の統治者
例2	It was a virtual promise.	（約束ではないが）約束も同様だった
例3	He is virtually dead.	彼は死んだも同然

　また，専門用語の欄には

［光学］	virtual image	虚像，	virtual focus	虚焦点
［機械］	virtual displacement	仮想変位		
［理学］	virtual mass	仮想質量		

などの例示があり，バーチャルの訳としては，「虚」と「仮想」が使われていたのである。つまり，仮想という訳語は専門用語の中で利用されていたのである。そこで，コンピュータ用語辞典（『マイクロソフト コンピュータ用語辞典第二版』（株）アスキー）で調べることにした。そうすると，virtualとは，「仮想。実在しないものとして関知される装置あるいはサービスを表すための形容詞」と記述があり，一瞬の安堵状態を取り戻すことができた。そこには，さらに，右に示すような関連語が掲載されていた。

仮想アドレス	virtual address
仮想イメージ	virtual image
仮想回路	virtual circuit
仮想コンピュータ	virtual machine
仮想周辺装置	virtual peripheral
仮想装置	virtual device
仮想ディスク	virtual disk
仮想メモリ	virtual memory
仮想リアルモード	virtual real mode

バーチャルは，コンピュータ科学の分野では，既に頻繁に利用されている語であった。

表1　virtual と real の共通性

	virtual	real
意味1	仮想の	現実の
意味2	事実上の 実質上の 実際上の	本当の 現実の 実際の

　ここで，Virtual と Real の意味を整理してみよう。virtual という意味は，専門用語での訳語は「仮想」であるが，本来は，「事実上の，実質上の，実際上の」という意味であり，一方，real は「本当の，現実の，実際の」という意味であるから，virtual も real も細かいところは別にして，大体同じ意味であることに気づくだろう。ところが，virtual は想像上の架空のものであるという認識が強く，その反対に real は，現実に対して用いるので，これら両者は正反対の意味を成すものと考えがちである。この考えは，必ずしも間違いとは言えないが，バーチャルに対して正しい認識であるとも言いがたい。

　前述の英和辞典の3つの例文で，virtual の意味が分からなかったとして，この部分を real に置き換えてみてもそれぞれの意味はほぼ正しく読み取ることができる。つまり，virtual と real は正反対の意味というのではなく，同じような意味だと言っても過言ではないのである。

　それでは，どこが違う？　これらの意味がほぼ同じだとしても，どこかが違うはずである。次には相違点について考察しよう。virtual は「虚，質量無」であり，

「実在しないが実在するのと同じ機能のある」という意味で，機能の点で実在と同じであることがわかる。

　virtual の名詞形は virtuality，real の名詞形は reality である。そこで，これら2つの言葉を組み合わせて，次のような言葉を作ることができる。1つは，お馴染みの virtual reality であり，他の1つは real virtuality となる。

表2　virtual と real の相違性

	virtual	real
意味1	虚 質量無	実 質量有
意味2	実在しないが実在するのと同じ機能のある	実在する

筆者は，virtual reality を，仮想的現実性（仮想世界における現実性）と呼び，real virtuality という新しい語を，現実的仮想性（現実世界における仮想性）と定義している[6]。しかし，後者の言葉はまだ一般的でないかも知れない。

参考文献

(1) クラーク・R・モレンホフ著，最相力，松本泰男共訳：ENIAC 神話の崩れた日，工業調査会，1994.
(2) 星野力：誰がどうやってコンピュータを創ったのか？，共立出版，1995.
(3) D. ナイ著　川上顕治郎訳：ベンツと自動車，玉川大学出版部，1997.
(4) 濱口恵俊：高度情報化社会と日本のゆくえ，日本放送出版協会，1986.
(5) 新　睦人：情報社会を見る目，有斐閣，1983.
(6) S. Matsubara *et al.*: Two Dimensional Mapping Method and Its Application- Teaching Learning Processes for Self-image Formation, Proceedings of ICTE '97 (International Conference on Technology Education in the Asia-Pacific Region). pp.69-80, 1997.

問題

テレビの歴史について調べ，コンピュータの歴史と比較せよ。

3-3 アントレプレナー的な発想を！

「ところで，皆さんは，アントレプレナーという言葉をご存知でしょうか？」という問いかけを行ったのは，教科「情報」の認定講習会（平成14年度新教科「情報」現職教員等講習会，滋賀県教育委員会主催）で，問題解決をテーマに講義を行っていた時のことである。

> **アントレプレナー（entrepreneur）**
> ① 起業家，企業家のこと。
> ② 演劇・音楽会などの興行主

アントレプレナー（entrepreneur）は，「起業家」または「企業家」のことであり，一般には，「ベンチャー企業を興す人」と理解されている[1]。英和辞典などでは，この他に，「演劇・音楽会などの興行主」という意味も記されている。アントレプレナーは，その意味から，経済界でよく知られている言葉のようであるが，教育界ではまだあまり知られていない。

アントレプレナーに関連して，教科「情報」における問題解決において，興味深い記事があったので，まずは，この記事を紹介しよう。

話題1：「ヒト企業を考える④」日本経済新聞，2002年5月26日朝刊より

今井賢一氏（スタンフォード日本センター理事長）によれば，イノベーションを生むのは，新技術の発明家や新会社を興した人だけではなく，商品を開発したり，生産・販売方法を革新したり，新組織や経営手法を考案した人などでもよいという。このような新結合を積極的に遂行する一群の人たちがアントレプレナーで，日本が大きな経済発展を遂げた明治時代にも戦後の復興期にも，このような人たちは沢山いたという。しかし，最近では，このような人々が輩出されなくなったというのである。

それはどうしてなのだろうか？
彼は，「失敗した時に損切りをして，改めて挑戦するという**軌道修正・やり直しのシステム**がないからだ」と言う。

方向性がはっきりしていた時代とは異なり，現在では，多くの選択肢から進路を選び，決定を下さなければならない。そんな時，一つ失敗すると，それでおしまいでは，システム全体が「死の行進曲」になるという。

それでは，問題はどこにあるのだろうか？

　失敗から軌道修正するために，失敗の原因を糾し，損を確定するという行為は，日本社会になじまないというところにあるという。すなわち，日本的な人間関係の中では，前任者の責任を問い，前任者の評価を崩すということは，その行為自体が自分の評価を悪くすることにつながってしまうので，結局，失敗からの軌道修正が大変困難なものになってしまうというのである。だから，銀行の融資にしても，不採算の事業にしても，ダラダラ続いてしまうというのである。その意味で，日本には，失敗から学ぶという失敗学が欠けていると彼は言うのである。

軌道修正ができない日本的特性

失敗から軌道修正するために，失敗の原因を究明する。
↓
前任者の責任を問い，前任者の評価を崩す。
↓
自分の評価を下げることになる。
↓
したがって，どうしても，軌道修正しないで，避けて通ることになる。

アントレプレナー的人材養成から学ぶものは何か？

　スタンフォード日本センターでプロジェクト立脚型学習という方法が実施されている。それは，設定された課題に対し，学生がチームを作ってその解決に当たるというものである。例えば，課題が「大学の中に研究所を作る」ということであれば，これをプロジェクトとして，日本，オランダ，米国などに在住する学生達がコンピュータネットワークを利用した遠隔操作（e-Learning）により，建築・設計，安全，コスト面などの様々な視点で計画を立て，問題点を明らかにして，互いに議論する。その際の議論の内容は，コンピュータに記録が残っているので，後から，討論の分析を行ったり，検証したりすることができるのである。彼は，ここで重要なことは，次の点であるといっている。それは，最初の発送段階で，先生は異なる意見を奨励し，間違えることをむしろ歓迎する。つまり，物事の認識は否定がきっか

けとなって本質的な議論となるのであるから，差異や間違いを恐れない発想を引き出すことが重要であるというのである。しかし，日本で同じことをすれば，プロジェクト作成のノウハウの習得を急ぐことで終わる懸念があると警告する。

このように，スタンフォード日本センターでの学習方式は，問題解決を考える上で，自由な発想，間違いを恐れない，議論とその記録，など重要ないくつもの点を示唆している。くれぐれも，氏が懸念するプロジェクト作成のノウハウの習得に終わることのないように十分注意をしておきたいものである。

話題2：実践例（京都教育大学教育学部附属京都中学校研究発表より）

京都教育大学教育学部附属京都中学校のWebサイトでの情報では，総合学習は，「学びかた」（方法知重視）と「生きかた」（内容知重視）の2つの方向性から創造しているとされる。そこで，アントレプレナーに関わるものは，「生きかた」総合学習に位置付けられている[2]。その詳細については，関係のWebサイト情報などを参照されたい。また，その研究報告[3]では，アントレプレナーという起業家教育を取り入れた実践が報告されている。起業家教育を取り入れるねらいは，現在の社会が激しく変化する情報社会であるという認識から，このような社会を生き抜くための力を育てることに主眼がおかれている。すなわち，生徒一人ひとりが，想像力・決断力・判断力・チームワーク力・表現力・コミュニケーション力・問題解決力に加えチャレンジの精神などを身につけ，個性と能力を最大限に発揮できるように支援することにあるとされる。すなわち，従来の受身的な学習では，容易に習得できなかった能力を身につけさせるために，自ら考え，自ら判断し，自ら行動しなければならない場面を設定し，生徒が主体となる授業を行う。その際，教師は生徒達が間違った方向に行きかけた時に軌道修正をしたり，生徒が問題解決に行き詰まっている時に解決するためにはどうすればよいかを考えるきっかけを与える役目を担うので，この場合の教師の役割は，指導者というよりも支援者という位置付けであると強調される。

まとめ

目的を達成するためには，何らかの制御が必要である。つまり，何らかの努力が

必要で，何の努力も無く目的に達した場合は，偶然といわざるを得ないだろう。一般に，制御工学の分野では，この考え方を分かりやすく整理している。それは，あらかじめ定められた順序に従って制御の各段階を逐次進めていく**シーケンス制御**とフィードバックによって制御量を目標値と比較しそれらを一致させるように訂正動作を行う**フィードバック制御**の二通りの考え方がある。シーケンス制御では，次の段で行うべき制御動作があらかじめ定められていて，前段階における制御動作を完了した後，または動作後一定時間を経過した後，次の動作に移行する場合や，制御結果に応じて次に行うべき動作を選定して次の段階に移行する場合などがくみあわさっていることが多いため，一般には，フィードバック制御の考え方の方が，理解しやすいだろう。

たとえば，私たちが机の上にあるものを手で取りあげる時，目標との距離を正確に測定してから手を伸ばすようなことはしないだろう。目標物が視野にあれば，まず大まかにそこまでの距離の見当をつけて，手を動かすだろう。そして，手が目標に近づいたら，手が目標に対してどの程度ずれているかを見ながら，修正をしている。つまり，このような修正を繰り返すことで，目標に正確に到達し，手でつかみとることができているのである。人間は，こうした行動をあまり意識しないで瞬時におこなっているのである。

私は，問題解決においても同様の考え方ができると判断している。つまり，問題の解決には幾つかの選択肢があることが多いが，何らかの判断の結果，一つの解決法を選んだり，考え出したりして，実施することになる。それが，問題の解決につながればよいが，解決がうまくいかない場合は，軌道修正を行う必要がある。これを繰り返すことで，問題解決ができるものと思われる。

> **シーケンス制御(sequence control)**
> あらかじめ定められた順序に従って制御の各段階を逐次進めていく制御のこと。
>
> **フィードバック制御(feedback control)**
> フィードバックによって制御量を目標値と比較しそれらを一致させるように訂正動作を行う制御。
>
> **フィードバック(feedback)**
> 閉ループを形成して出力側の信号を入力側にもどすことをいう。

なぜ，問題解決が必要か？

それでは，なぜ，問題解決が必要なのだろうか？　このように，ある意味で常識的な質問をすれば，当たり前すぎて，かえって答えに困るかもしれない。

より良く生きるためには，幾つかの問題や困難にぶつかるものである。そのような場合，その問題を回避することも必要かも知れないが，いつも逃げている訳には行かないだろう。どうしても，直面する問題を解決しなければ前に進めないということがあるだろう。そう考えていくと，より良く生きるためには，問題解決能力は必要であり，生きる力としての基本的な能力の一つと考えられるのである。

まとめると，生きる力としての問題解決能力とは，生きている上で，より良くしたいと努力し，そのために，問題を意識し，それを解決しようと活動して，また，必要な際には，情報機器を適切に利用することでその解決をはかることができるのである。問題解決では，情報機器を利用することが主たる目的ではなく，問題を上手に解決したり，それを科学的な視点で理解することが大切である。

また，解決にはいくつもの方法がある。つまり，解決の手段や手順が異なれば，結果が異なることがあることを認識するとともに，選択・決定・実行した解決法を評価することが大切で，解決過程の状況によっては軌道修正が必要となることも心得ておくべきである。

> **生きる力としての問題解決能力**
> - 生きていく上で，より良くしたい。
> - その際に，問題を意識し，それを解決することが必要
> - 問題解決を行う際，情報機器を適切に利用することで，問題の解決をスムーズに図れることがある。
> - 情報機器を利用することが，目的ではなく，問題解決を上手に行うことが大切。

> **生きる力としての問題解決**
> ①生きている上で，より良くしたいと努力
> ②問題を意識しそれを解決しようと活動
> ③情報機器を適切に利用

> **解決の方法は一つとは限らない**
> - 手段や手順が異なれば，結果が異なることがあることの認識が重要である。
> - 選択・決定・実行した解決法を評価することが大切である。
> - 解決過程の状況によっては，軌道修正が必要である。

参考文献

(1) The 新語サーバ「ちぇげらう」
    (http://homepage2.nifty.com/chegerau/)

(2) 京都教育大学教育学部附属京都中学校の総合学習
    (http://www.kyokyo-u.ac.jp/FUZOKU/KYOCHU/sougaku/sougakumenu.html)
(3) 京都教育大学教育学部附属京都中学校研究発表　ビデオストリーミング
    (http://uenty.cside1.com/teacher/kenpatsu/entre00/html)

問　題

問題解決に関係すると思われる種々の方法論について調査し，まとめよ。

　例．ブレイン・ストーミング，KJ法，タスク・アナリシス，ISM法

コラム

言葉は時代と共に！　時代は言葉と共に！

　ホームページは、もともと、Webサイトの入り口となるトップページを意味する。また、Internet Explorerのようなブラウザでは、起動時に表示されるWebページをホームページと読んでいる。しかし、最近では、HTMLで記述されたファイルや、Webページ全体に対してもホームページという語が使用されている。ホームページの概念が以前より広がったということだろうか？

　誤って使われた言葉でも、それを皆が使用するようになれば、「正しい言葉」になることも多い。同様に、間違った概念でも、皆が間違えば正しい概念となってしまうのである。(「間違った概念、みんなが使えば正しい概念」)
したがって、急速に変化する今だからこそ、正しい概念や使い方を伝えることは極めて重要といわざるを得ない。それだけに教育の重要性が強調されるのである。学習指導要領やその解説では、ホームページという言葉ではなく、Webページという言葉が使用されている。この影響を受けて、教科書等でもホームページという言葉ではなくWebページという言葉が好んで使用されているのである。

　少し前のことであるが、平成5年度に情報基礎という領域が、技術・家庭科に新設された時、「フロッピーディスク」という用語がJISになかったため、日常ではあまり使用されていなかった「フレキシブルディスク」という用語を使用しなければならなかったのである。しかし、周知のように、今ではフレキシブルディスクという言葉は授業場面でも使われず、フロッピーディスクという言葉が使用されているのである。一方、社会は既に大容量の時代へと移行し、CD-ROMやDVD、MOなどの大容量の記録メディアが使用されたため、フロッピーディスク自体を使用することが必須ではなくなり、フロッピーディスクドライブを最初から搭載しないパソコンも既に販売されているのである。

　言葉はいつまでも同じように使われるとは限らないということなのか？
　今でも「早急」を「さっきゅう」と読みたくなるのは私だけだろうか？
　フロッピーディスクとフレキシブルディスクの関係は、ホームページとWebページの関係に似ているように見える。言葉はまさに生きているのである。

3-4 e-Learning と WBL

1. e-Learning と WBL の定義

eラーニング白書[1]によれば，e-Learning（eラーニング）は，IT関連技術を利用した教育であり，「ネットワークによる遠隔教育全般」と定義されている。

一方，**WBT**（Web Based Training）は，コンピュータやインターネットの普及により，インターネットやイントラネットのWWW（World Wide Web）を積極的に利用したTraining方式で，いわゆる遠隔学習方式の1つといえる。学校教育の場では，trainingのみならず，多くの学習活動が含まれるので，本書では，WBTという用語を使用しないで，**WBL**（Web Based Learning）という用語の方を使うことにしよう。WBLは，Webの利用を中心にして構築された遠隔学習方式ということになる。

> **e-Learningとは**
> ネットワークを利用した遠隔教育全般を示し，WBLよりも概念は広い。
>
> **WBLとは**
> インターネットやイントラネット（校内LAN）のWebの利用を中心にして構築された遠隔学習方式。

次は，**WBL**と**e-Learning**の概念の違いについてである。どちらも類似した概念であり，その意味を厳密に分けるのは困難であるが，本書では，ALIC（先端学習基盤協議会）の考え方に従うことにしよう。e-Learningの範囲は，Webを利用した学習だけでなく，テレビ会議システムや通信衛星などを利用した学習などのように，いわゆる遠隔教育システム全般の利用を対象としているので，WBLより広い概念である。

2. WBL (Web Based Learning)

WBLに利用されるサービスは，いわゆるインターネット／イントラネットで受

けられるサービスが中心となっている。それは，電子メール，Web ページ，チャット，FTP，データベース，VOD などであるが，授業という教育の場面でこれらの利用を考えてみよう。ここでは，私が大学の授業で実際に行っている例や構想していることをもとに，説明しよう。

授業コードと受講者コード

　まず，最初に担当する授業を列挙し，それぞれの授業に異なる英文字を割り当てる。これを**授業コード**と呼ぶ。例えば，情報科教育法Ⅰは ab のようにする（この授業コードは，実際のものとは異なる）。

　次に，情報科教育法Ⅰの受講者の学籍番号（の有効桁分）が，仮に 123456 であるとすると，情報科教育法Ⅰの授業コードの後に続けて，ab123456 という英数字の文字列を作る。これが，情報科教育法Ⅰの学籍番号 123456 である受講者の**受講者コード**になる。この規則を Web ページに掲載するとともに，授業でも説明して受講者の理解を求める。この受講者コードは，電子出席調査や電子レポートの際に利用する。それでは，具体的に説明しよう。

(1) 電子出席調査（e-RollBook）

　これは，授業の出席者が，電子メールで自らの出席を授業者に知らせるものである。その際，電子メールの件名は，受講者コードを用いて，「ab123456_ 出席」にするよう指示を行う。また，情報処理実習のように受講者全員が，ネットワーク（インターネット）に接続されたパソコンを利用する場合には，出席メールの内容は，次のようにすると良い。一般教室での授業の場合は，電子メールを送ることが

出席メールの件名
- ab123456_ 出席

出席メールの内容
- 1行目：IP アドレス及び座席番号
  IP アドレスを知らせてもらうことで，遠隔からの確認もでき，便利なことが多い。IP アドレスが不明である場合は省略となる。
- 2行目：学籍番号
- 3行目：氏名
- 4行目：月／日（省略可能）
- 5行目：授業科目（省略可能）

できないが，もし，受講者全員が携帯電話を持っていて，メール機能が使用できる場合は，携帯メールでの送信が可能となる。教科「情報」のように高校においては，授業の中で携帯メールを積極的に使用するには現時点では難しい点も予想され

るが，今後，メールの教育利用は次第に注目されていくことだろう。ただし，携帯メールの場合には，当然のことながら，IP アドレスが不明なので，省略せざるを得ない。

電子レポートの送信にあたって
（1）レポートの送信は，必ず自分のメールアカウントを使用して，返信アドレスには自分専用のアドレスを設定しておくこと。
（2）レポートの送信は，1度のみ有効とする。同じ課題に対して複数のメールが受信された場合は，その全てが無効になることがある。
（3）レポートを再度送りたい場合は，再送信の問合せを行い，その許可を得た場合にのみ再送信が可能である。なお，問合せのメールの件名もメール件名規則に従うこと。
（4）レポートの提出先，問合せ先
　　レポート提出先と問合せ先とでアドレスが異なるので注意すること。アドレスは Web 上には掲載しない。授業中に指示する。
（5）メールを受信すれば，その旨を返信する。

---

(2) 電子レポート（e-Report）

　最近では，授業のレポートをワープロで作成するのが常識になっている。せっかくワープロで作成するのであるから，そのファイルをそのまま添付してメールで送ったり，添付ファイルを好まない場合でも，カット＆ペーストで電子メールに直接張り込んで送ったりすることもできるだろう。しかし，今までの経験から，電子メールでレポートを受け取る際の，レポート送信方法の説明や注意・規則を作っておくことは必要である。詳しくは筆者のWeb サイトを参照願いたい。

レポート受信時の返信文の例

レポートを受信しました。

（注意）この返信メールは，レポートの受理を示すものではありません。今後，受信したレポートを詳細に分析・評価を行う過程で，レポートの再提出を求めたり，問合せを行う場合があります。あなたのこのアドレスのメールチェックを頻繁に行うようにして下さい。

レポートは，電子メールで送られるので，24時間いつでも提出することができ便利である。さらに，レポートを受信すれば，その旨を必ず返信するので，レポート提出者は，レポートが期限内にきちんと到着していることを確認することができる。

(3) 電子シラバス（e-Syllabus）

これは，いわゆる授業概要の電子化にあたる。筆者の勤める大学でも，ほぼ全ての授業科目について授業概要がWeb上に公開されている。

(4) 電子レジュメ

これは，授業で配布する資料を電子化し，電子メールで学習者に配信したり，Webページに掲載したり，授業資料データベースに格納したりすることで，学習者にレジュメを電子的に配布することができる。

(5) 電子連絡板（授業者からの連絡／指示）

これは，例えば，休講の通知，次回の授業時までの指示。

> **電子連絡板（例）**
> 今回配布する電子レジュメを読んで，あらかじめ○○の課題を解決してから，次回の授業に参加すること。

(6) 電子討論

これは，授業の内容に関係して，授業外でも討論を行うもので，授業内では十分な時間を確保できない場合などに有効である。

(7) 電子映像

これは，例えば，先週の授業を録画・編集してWebページに掲載したり，関係する動画情報を授業で紹介（再生）したり，またその情報を授業後，何度でも閲覧できるようにすることで，授業内容の理解を深めるために活用できる。

(8) 電子小テスト／電子アンケート

これは，レディネス調査や授業に関するアンケートの実施をWeb上で行ったり，電子メール等で配布して，回答を得ようとするもので，学習者の問題意識の向上や，

授業改善など多くの活用法がある。

(9) e-Learning / WBL のプラットホーム

e-Learning / WBL を効率よく行うために開発されたものとして，WebCT がある。これは，e-Learning のプラットホームの1つとして位置づけられ，カナダのブリティッシュ・コロンビア大学（University of British Columbia: UBC）の Murray W. Goldberg 氏が，Web ベースのコースを 1995 年に開発したのが始まりである。WebCT は，オンラインコースだけでなく，**FFC**（Face to Face Communication）によるオンキャンパスコースでも講義の補完的な教材・学習環境の提供を目的として利用される。また，履修・成績管理を行う学生情報システムとの連携も可能になりつつある。

参考：WebCT に関するホームページ
　・公式ホームページ　　http://www.webct.com/
　・非公式ホームページ　http://webct.media.nagoya-u.ac.jp/

3. ディジタル社会における学習形態

コミュニケーションは，特定の場所に集まって互いに直接顔を見ながら行うもの（**FFC** : face-to-face communication）と，通信手段としてのメディアを利用して行うもの（**MOC** : media oriented communication）に大別できる。一般に行われている一斉授業は前者に属し，いわゆる遠隔授業は何らかの形で通信手段を利用することから，後者に位置づけられる。

FFC の場合は，あらかじめ場所と時間を決めて，そこに集合することでこの種のコミュニケーションが成立するので，参加者は時間と空間の拘束を受けることになる。

一方，**MOC** の場合は，通信手段を利用するので，離れた場所からの参加が可能となり，空間の拘束を受けないので，遠隔授業が可能となる。一般に通信手段の中には，電話やテレビ会議システムのように，参加者全員が特定の時間に通信しなければ，コミュニケーションが成立しないものがある。しかし一方で，e-mail や掲示板などのように，通信の双方において自由な時間に行うことができる通信手段もある。このように，一口に遠隔授業といっても，時間に拘束されるもの（**TD** : time-

表1 多様な学習形態

			時　　　間		
			拘　　束		自　　由
			（同一場所）	（複数場所）	
空間	拘束	同一	従来からの一斉授業	昼・夜間授業など	CAI 学習教室
		複数 ※1	テレビ会議システムを利用した交流授業（学級対学級）など	テレビ会議システムを利用した交流授業（学級対学級）が昼間と夜間に開講される場合など	WBL（例えば学内に設けられたパソコンから）
	自由		個人用テレビ会議システムを利用した授業（個人対個人）など	個人用テレビ会議システムを利用した授業（個人対個人）が昼間と夜間に開講される場合など	WBL（自宅のほかにネットワークに接続できる場所ならどこからでも）

※1：多くは，2地点間でおこなう．SCSのように3地点のほか，多地点で行うものもあるが，あらかじめ決められた複数の場所にそれぞれ複数の人が集合して行うもので，空間（自由）とは異なる．

dependence）と時間の拘束を受けないもの（**TI**：time-independence）があることに気づくだろう．また，最近では，前述のように，ネットワークを利用した学習形態として **e-Learning** やインターネット／イントラネットのWWW機能を利用した学習形態として **WBL**（Web Based Learning）などが話題となっている．**表1**は，時間と空間（場所）のそれぞれについて，拘束／非拘束／自由の観点に分け，該当する学習形態を当てはめたものである．

参考文献

(1) 先端学習基盤協議会（ALIC）：eラーニング白書，オーム社，2001.

問　題

WBLやe-Learningについて，海外の状況をインターネットを用いて情報収集し，まとめよ．

3-5 アナログとディジタルの相対性

1. アナログとディジタルの概念

　最近では，私たちは，ディジタル（デジタル）という語を日常的に使っているし，それに対する語として，アナログという言葉も知っている。アナログとディジタルという2つ語は相対する語であり，日常でも相対する意味で使用されている。例えば，「〜は，アナログ人間なので，…」と言ったり，「〜は，ディジタル人間に違いない」と言ったりすることである。工学などの専門の世界に留まっていたアナログ／ディジタルという専門用語は，今では，日常用語としても使用される向きもあるが，ここでは，まず，アナログとディジタルの本来の意味について考察したい。

　ディジタルについては，最近の情報通信技術の進歩により，私たちが日常的に利用する道具や製品においていわゆる「ディジタル（デジタル）」という言葉のついた商品が普及している。これに対比して，従来から利用されているものにはアナログという概念が当てはめられているが，これらには特に「アナログ」という言葉を冠した商品は少ない。つまり，ディジタル（デジタル）という言葉は，商品の販売促進上

表1　アナログとディジタル

No.	例	アナログ式	ディジタル式
1	時計 ストップウォッチ	長針や短針などによる表示	電子回路を使用したディジタル表示
2	体温計 温度計	水銀やアルコールなどの温度膨張を利用	電子式温度センサーを使用したディジタル表示
3	カメラ	フィルムに画像を記録	撮影された画像がCCD素子により電気信号に変えられ，電子的に記録
4	ビデオカメラ	8mmビデオなど動画の記録方式	DV方式など動画の記録方式
5	電話	アナログ通信	ディジタル通信
6	テレビ放送	アナログ通信	ディジタル通信

好まれる言葉であるが，アナログという言葉は，むしろ旧式をイメージされるため商品にはあまりつけられないということであろう。いずれにしても，アナログとディジタルを，対にしてとりあげらるものを示せば，**表1**のようになるだろう。

以上のことからも分かるように，どうやら，アナログ／ディジタルの意味には2つの概念がある。第一には，表示方式としてのアナログ／デジタルであり，第二には，処理方式としてのアナログ／ディジタルである。

（1）表示方式としてのアナログとディジタル

時計には，時刻を長針や短針などの位置で表すものや，数字で表示するものがある。また，体温計では，従来は，水銀の膨張係数が温度に依存する（比例する）ことを利用して，その体積を指標化することで温度を表すものしかなかったが，現在では，温度センサを使用して，温度情報が電気信号に置き換えられ，電子的に処理が施されて，体温を数字で表示するディジタル式が主流になっている。これらの例は，従来のような物理的手段により示された量が読み取り難かったという欠点を解消している。とにかく数字での表示は，読む人にとって，これ以外の読み方がないという点で安心感を与えてくれるが，精度が問題になることも多い。

以前においては，メモリを按分して読むことは日常的であったが，そこには曖昧さがあった。最近では，その曖昧さを嫌う傾向があるのか，ディジタル表示を好む人も多くなっている。著者の経験では，70年代後半頃であったが，ディジタル式の腕時計が爆発的に普及した時があった。それまでは，時計の精度は値段に依存するというのが一般的な考え方であった。すなわち，価格の高いものはより正確な時刻を刻み，安いものはその時刻に多くの遅れや進みを生じるといった考え方である。しかし，ディジタル式の時計は，従来の針式（機械式）の時計よりはるかに安く，しかも正確といったもので，価格と精度の関係を覆したのである。この傾向は，次第に沈静化し，ディジタルの腕時計を持っていた人の中にも，針式の腕時計に買い換える者がいたり，また，新たにディジタルとアナログを兼ね備えた商品なども開発され流通したのである。その時，よく言われたことは，ディジタル式では，例えば残り時間を知るときは，計算（暗算）しなければならなかったが，針式の方では，どのくらいの時間が残っているかを感覚的に理解しやすいといった量的把握の容易さを指摘するものであった。

ところで，データを記録して残す場合，重要なことはそのデータが長期間の保存

中に内容が変化したり，失われたりしないということである。

　例えば，時間とともに変化する温度データが紙上に波形で示されている時，郵送したり，コピーしたり，畳んだり綴じたりして保存されるが，それぞれの段階で，アナログデータは，様々な外的影響を受けて，その内容が変化したり失われたりすることが心配になる。一方，数字で表現されたデータでは，紙が多少汚れたりしても，数字を読み違えない限り，正確なデータを読み取ることができる。また，アナログのデータが必要になれば，グラフ用紙にそのデータをプロットすれば，もとの波形を再現することができる。

　以上のように，データを数値化するということは，そのデータの内容を安定化させることにもなるのである。

(2) 処理方式としてのアナログとディジタル

　例えば，ディジタル方式のカメラは，撮影した画像をフィルムの代わりに電子的に記録するもので，撮影者がシャッターを押すと，レンズを通ってきた光（画像）がCCD素子によって電気信号に置き換えられ，カメラ内部に装備された電子回路でディジタル処理されて記憶／記録媒体に書き込まれる。この場合は，従来のカメラが光学式／フィルム記録方式であったのに対して，ディジタル式カメラは，ディジタル処理によるものである。

　ディジタル方式の出現によりこれと対比して用いられるアナログは，各種製品には特にこの名称は使われていない。電話やテレビ放送においても同様である。一般にディジタル処理は，情報を2進符号化形式で記憶・演算され，DSP（ディジタルシグナルプロセッサ）やMPU（マイクロプロセッサユニット）などを使用して処理されるが，このような処理を行わないものは，非ディジタル方式とでも言うべきであるが，アナログ式と呼ばれることも多い。従って，個別の機器等についてアナログの部分の説明はできても，アナログ処理方式についての共通する概念をクリアに示すのは困難であるし，仮にそれを言葉を駆使して表現したとしても，利用価値は低いかもしれない。それよりむしろ，前述のように，ディジタルの意味を明確にし，それでないものと区別する考え方，すなわち，ディジタル／非ディジタルの考え方の方が理解しやすいかもしれない。

2. アナログとディジタルの相対性

アナログとは，**図1**にも示す通り，連続的に変化する物理特性によって数値をあらわすものであり，ディジタルとは，本来，データを数字であらわすこと（表示方式）を意味するが，コンピュータなどを利用した処理を対象とすることも多い（処理方式）。言い換えれば，ディジタルは，数字表示（number representation）とバイナリ処理（binary processing）の両方の意味を持っているといえよう（**表2**）。

アナログ (analog)
　通常電子的な装置に適用される用語で，電子回路電圧など連続的に変化する物理特性によって数値をあらわすもの。比率を意味するギリシア語（analogos）が語源で，アナログは変化と比率の両方を意味する。アナログ装置は，その装置が処理できる範囲内で無限の数値を表せる。対照的に，ディジタル表示は数値を符号化された数字に位置付けるもので，処理できる数値の範囲はデジタル装置の解像度に限定される。

ディジタル／デジタル (digital)
　数字または数字の表現方法に関連した用語。コンピュータ処理の場合，ディジタルはバイナリ（2進数）と実質的に同義語である。
　　　　　　　　～以下略～
出典：マイクロソフトコンピュータ用語辞典第二版（第2版第3刷，1995）

図1　アナログとディジタルの意味

表2　アナログとディジタルの比較

	アナログ	ディジタル
量としての特徴	連続的	離散的
表示方式（数値表現の方式）	物理量で表現	数字で表現
処理方式（情報加工の方式）	物理・化学的性質を利用	バイナリ処理

問題

アナログとディジタルについて，身近な製品を取りあげ，それらの長所と短所について検討せよ。

3-6 メディアリテラシー

1. メディアリテラシーの概念

(1) 古くて,新しい,メディアリテラシー

　最近,情報教育の分野で,「メディアリテラシー」という言葉が,頻繁に使用されるようになってきている。この言葉は,教育工学の分野では,以前から使用されていたもので,言葉自体に新しさを感じる訳ではないが,以前に比べて,最近のものは少し意味が異なってきているようである。このように,メディアリテラシーには,「教育工学の流れ」を汲むもの以外に,世界各地で注目されている「マスメディア批判の流れ」,情報産業市場の需要の拡大に関心が向けられる「情報産業の流れ」などがある。

(2) リテラシーと○○リテラシー

　本来,リテラシー (literacy) という言葉は,「読み書きの能力,またはその能力のあること」を意味し,「識字能力」と訳される場合もある。

　また,リテラシーという語のつく言葉としては,コンピュータリテラシー,情報リテラシーなどがある。情報教育元年と言われた頃(昭和60年頃すなわち1985年頃をさすと考えて良い)から,次第に,このような言葉が好んで使用されるようになったのである。いずれも,その概念には曖昧なところが多く,厳密には定義しがたいが,概ね,「○○リテラシー」といえば,「その○○が活用できる能力」のことを表している。

　さらに,この頃は,ニューメディアという言葉も流行していたので,コンピュータのみに限定すると考えられるコンピュータリテラシーよりも,コンピュータをも含めた,より広い概念をもつ「メディア」という語を利用して,メディアリテラシーという言葉が好まれたことがある。実は,筆者自身も,1980年代には,コンピュータやコンピュータ等を内蔵する情報機器(ニューメディア)を対象として,これらをメディアとして位置づけて,メディアリテラシーという言葉を好んで使用し

ていたことがある。それから，かなりの年月を経た今，装いも新たにして，メディアリテラシーが再登場となったのである。

(3) メディアリテラシーの意味

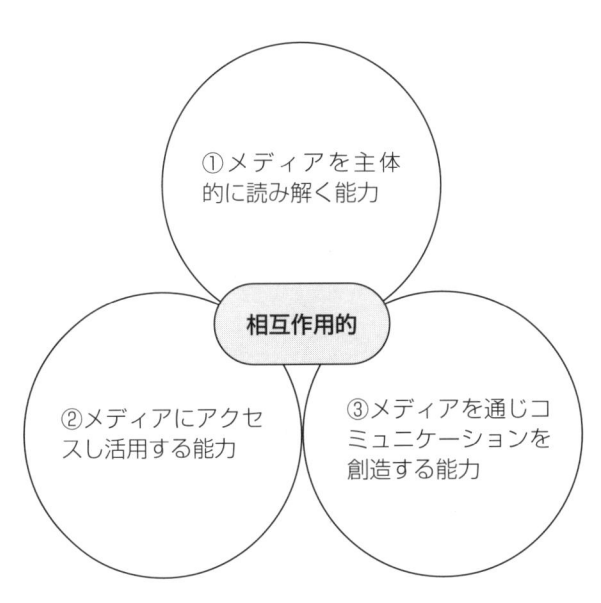

メディアリテラシーは，「メディア」＋「リテラシー」であるから，前述の通り，とりあえず，「メディアを活用する能力」と解釈してよいだろう。

しかし，問題は，その「メディア」とは何か？　ということである。メディアの概念には幅があり（「2－2　マルチメディアの本質」を参照），その際に，メディアが何を指し示すかということにより，そのメディアを活用する能力そのものが変わってしまうのである。

平成14年度情報通信白書[1]では，メディアリテラシーとは，①メディアを主体的に読み解く能力，②メディアにアクセスし，活用する能力，③メディアを通じてコミュニケーションを創造する能力，特に情報の読み手との相互作用的（インタラクティブ）コミュニケーション能力が相互補完しあい，有機的に結合したものととらえている（図1 参照）。これは，「放送分野における青少年とメディアリテラシーに関する調査研究会報告書（郵政省），2000年8月31日）の記述と同様である。

図1　メディアリテラシーの概念図

鈴木みどり氏[2]によれば，メディアリテラシーとは，「市民がメディアを社会的文脈でクリティカルに分析し，評価し，メディアにアクセスし，多様な形態でコミュニケーションを創りだす力をさす。また，そのような力の獲得をめざす取り組みもメディア・リテラシーという」としている。

また，新「情報教育の手引き」[3]では，メディアリテラシーとは，「メディアの特性を理解し，それを目的に適合的に選択し，活用する能力であり，メディアから発信される情報内容について，批判的に吟味し，理解し，評価し，主体的能動的に選択できる能力を示すもの」と定義されている。

2. メディアリテラシーの8つのキーコンセプト

カナダのメディアリテラシー教育のカリキュラムでは，8つのキーコンセプト (Eight Key Concepts for Media Literacy) が提示されている[4]。ここでは，なるべく直訳して示し，あわせて，簡単な説明を加えたので，メディアリテラシーを考察する上で参考にされたい。
(注. This version of the key concepts of media literacy from the Ontario Ministry of Education's Media Literacy Resource Guide was written by noted Canadian media educator, Father John Pungente.)

① **All media are constructions.**
すべてのメディアは，構成されたものである（メディアで伝えられる情報は全て，誰かによって構成されたものであるということ）。
② **The media construct reality.**
メディアは，現実を構成する（メディアで伝えられる情報は，それが，どのようなものであろうとも，現実的な意味を持つということ）。
③ **Audiences negotiate meanings in media.**
視聴者は，メディアに意味付けを行う（人は情報を受け取ることにより，メディアから意味を読み取るということ）。
④ **Media have commercial implications.**
メディアは，商業的意味を持つ（メディアが商業主義に影響されているということ）。
⑤ **Media contain ideological and value messages.**

メディアは，イデオロギーと価値観を含んでいる（メディアは，視聴者が無意識のうちにも，イデオロギーや価値観を伝えているということ）。

⑥ **Media have social and political implications.**

メディアは，社会的・政治的な意味を持つ（メディアが伝える情報には，社会的，政治的な意味が含まれているということ）。

⑦ **Form and content are closely related in the media.**

メディアにおける形式と内容は，密接に関係している（同じ出来事を報じても，メディアごとに異なった印象とメッセージが伝えられるということ）。

⑧ **Each medium has a unique aesthetic form.**

それぞれのメディアは，独自の芸術様式をもっている（メディアが伝える情報には芸術性があるということ）。

この8つのキーコンセプトに関しては，すぐれた日本語訳やその解説も各所に掲載されているので，各自で参照されたい[5, 6]。

また，インターネットを活用して，「メディアリテラシー」をキーワードにして検索すれば驚くほどの多くの情報に到達することだろう。メディアリテラシーについて他の多くの情報を入手してより深い考察を期待したい。

参考文献

(1) 総務省編：平成14年度情報通信白書，2002.
(2) 鈴木みどり：メディアリテラシーとは？，http://www.mlpj.org/what-j.html
(3) 文部科学省：情報教育の実践と学校の情報化〜新「情報教育に関する手引き」〜，2002.
(4) Media Awareness Network, Canada, http://www.media-awareness.ca/
http://www.media-awareness.ca/eng/med/bigpict/8keycon.htm
(5) カナダ非営利組織 Media Awareness Network TOP（日本語）
http://www.soj.jp/media-awareness/m6-literacy.html
(6) The 新語サーバ「ちぇげらう」 http://homepage2.nifty.com/chegerau/

問題

メディアリテラシーに関する教育実践について調べて，まとめよ。

3-7 ディベート

1. 情報教育におけるディベートの意義

　ディベート（debate）は，本来，討論や論争を意味する。これを，授業で行うことの意義は，話し手にとっては，自分の考えを整理し，肯定または否定の立場で，聞き手に分かりやすくスピーチ（表現）する能力が必要であり，一方，聞き手にとっては，そのスピーチを正確に聞き取り，議論の流れを追う能力や，その時のテーマについて，肯定と否定の両方の立場で考えたりすることが必要となり，このことを通して，討論の基本を学ぶことができるという点にある。しかし，このこと自体は，本来，国語で扱われる内容であり，国語表現Ⅰでは，ディベートの手法を学び，実際にそれを授業で実践するように取りあげられている例もある。

　情報教育でディベートを活用することの意義は，ディベートの手法を学ぶということよりも，むしろ，「情報社会の光と影」に関係して，多様な価値観のもと，多くの問題に対して考察し理解を深めることにある。また，そのための情報収集や分析のため，あるいは，問題解決のために，情報手段を適切に，効果的に活用し，自らの意見を相手に分かりやすく，効果的に行うために，場合によっては，情報手段を利用したプレゼンテーションによりディベートを行うこともできるのである。

　高等学校学習指導要領解説情報編によれば，情報Ａの（4）「イ　情報化の進展が生活に及ぼす影響」では，「テーマを決めて，情報通信ネットワークや新聞などから情報を収集して，調べた結果を発表したり，それを基に討議したりする学習を取り入れるようにする」とある。また，情報Ｂの（4）「ウ　情報技術の進展が社会に及ぼす影響」においても，「情報通信ネットワークや新聞などを活用して調べたり，討議したりする学習を取り入れて，情報技術と社会との望ましい在り方に多様な考えがあることを認識させる必要がある」としている。さらに，情報Ｃでは，（4）「イ　情報化が社会に及ぼす影響」において，「テーマについて，情報通信ネットワークや新聞などを活用して調べたり，討議したりする学習を取り入れるようにする。」と記されている。

2. ディベートを利用した学習活動の流れ

ディベートを授業で行う際の一例を示そう。

(1) テーマ（論題）を決める。

テーマは，「～すべきである」のように，肯定または否定がしやすいように決めるのが良い。クラスの全員の意見を聞きながら，1つのテーマに絞り込む必要がある。1回のディベートでは，1つのテーマしか議論できないので，良いテーマが多く集まった場合には，次回以降のディベートのテーマとして取っておくと良い。

学習活動の流れ
(1) テーマを選ぶ。
(2) 準備をする。
(3) ディベートをする。
(4) ディベートを振り返る。

---

(2) 準備をする。

- まず，司会者，タイムキーパー，審判を決める。
- 選んだテーマについて，肯定と否定のチームをそれぞれ決める。
- それぞれのチームは，自分達の立場をどのように主張するかを話しあう。必要に応じ，情報手段等を活用して，情報を収集・分析し，発表用のプレゼンテーションの準備をする（このための時間を十分にとることが必要）。

(3) ディベートをする。

- 司会者は，ディベートが始まることを宣言し，時間配分や簡単な規則など示した後，肯定側立論に入る旨を発言する。以降，ディベートの進行に関わり，適宜，司会を行う（以降では，特に，司会の活動を記述しない）。

ディベートの流れ（例）

前半
① 肯定側立論
② 否定側質疑
③ 否定側立論
④ 肯定側質疑

（準備時間）

後半
⑤ 否定側反駁
（準備時間）
⑥ 肯定側反駁

（審査時間）

⑦ 判定

A．前半のディベート

前半では，肯定／否定の両チームが，自分達の主張を述べる。

① **肯定側立論を行う**

　　肯定側は，テーマをより具体的にして説明し，その内容に対して議論しやすくするように心がける。そして，そこから生じるメリットについて示す。

② **否定側質疑および肯定側応答を行う**

　　肯定側立論で，不明確なところを取りあげて確認する。

③ **否定側立論を行う**

　　否定側は，「～すべきである」というテーマから生じるデメリットを示す。

④ **肯定側質疑および否定側応答を行う**

　　否定側立論で，不明確なところを取りあげて確認する。

B．後半のディベート

後半では，お互いに議論の検証や吟味を行う。

⑤ **否定側反駁を行う**

　　否定側の立場でメリットとデメリットを比較する。

⑥ **肯定側反駁を行う**

　　肯定側の立場でメリットとデメリットを比較する。

(4) ディベートを振り返る。

　審判は，ディベートを振り返り，判定を行う。その後，クラス全員で反省したり自己評価を行ったりするとよい。

⑦ **判定を行う**

　　審査の基準は，双方の主張において，メリットとデメリットはどちらの方が，より大きかったかという視点で行うとよい。引き分けになった（互角の）場合は，肯定側にその論を証明する責任があると考えられるため，否定側の勝ちとすることもある。その場合は，互角の場合に勝敗をどうするのかをディベートの始まる前に，全員に知らせておく必要がある。

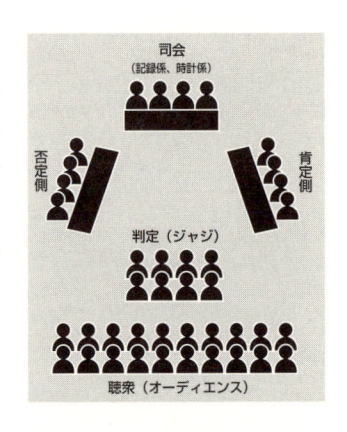

3. ディベートの実践をクラスで行うには

　今，仮にクラスの生徒数を40人としよう。テーマは，情報教育にかかわりのあるものを選ぶべきである。授業の中で生徒同士が発言し，絞っていく授業を考えることもできるだろう。時間をあまり掛けられない場合には，あらかじめ教師の方で，幾つかのテーマを用意しておくことが必要である。

　まず，あるテーマに対して賛成と反対の意見分布をとり，この意見をもとに，肯定側と否定側のチームを作ることになるだろう。全ての生徒が，肯定側，否定側，司会，タイムキーパー，審判，聴衆などの多くの役割を演じることが望ましいが，現実には，そう何度も同じテーマでディベートはできないし，仮に異なるテーマを用意できたとしても，ディベートばかりに時間を費やすこともできない。

　したがって，ここでは，クラスの生徒を半数ずつに分け，ディベートに能動的に参加するグループ（肯定側，否定側，司会，タイムキーパー，審判）と受動的に参加するグループ（聴衆）に分け，1回目と2回目で入れ替わることにしよう。

　クラスの生徒を4人ずつの班に分け，第1班から第10班に分ける。そのうち，1回目のディベートでは，第1班から第5班が能動グループに，第6班から第10班までが受動グループとし，2回目のディベートでは，能動と受動で入れ替わることにしよう。

　役割は，肯定班（1つの班），否定班（1つの班），司会班（1つの班），タイムキーパー班（1つの班），審判班（1つの班）とすれば，5つの班はすべて役割が生じる。後は，それぞれの班において，協力してその役割を果たすことにし，各班の中で調整を行えばよい。したがって，ディベートの前には，それぞれの班で，それぞれの役割に応じて，準備を進める必要があるだろう。もちろん，その際の聴衆となる5つの班も，ディベートにあたり十分な準備が求められるように指導しなければならない。

問題

　「情報通信は，原則として匿名にすべきである」というテーマ（論題）を設定し，ディベートの手法を利用して，①情報活用の実践力，②情報の科学的な理解，③情報社会に参画する態度の3つの観点を考慮した情報活用能力の育成に関わる授業を構想せよ。

3-8 総合演習

演習課題 1　情報通信での匿名は，是か？　非か？

　情報のやり取りを行う際には，匿名を原則とするのが良いか，それとも記名を原則とするのが良いか，という問題がある。匿名は，情報の発信者が誰かを明らかにされないため，率直な意見を述べやすいという考え方がある。しかし，一方で，名誉毀損や誹謗中傷などの問題がおきやすいので，発信者の責任を明らかにするために，記名にすべきだという意見もある。

　そこで，①このテーマに関して，種々の事例を調査せよ。
　次に，　②「情報通信は，原則として，匿名にすべきである」という意見に対して，賛成または反対の立場を明らかにせよ。
　また，　③また，その結論に至った理由も示せ。

【ヒント／コメント】匿名とは「名前を隠すこと」または，「実名を隠すこと」と考えれば良い。したがって，携帯電話の場合のように発信者の電話番号の非通知の場合も一応「匿名」と考えると良いだろう。電子メールの場合は，普通の人が普通にメールソフトを利用して普通に電子メールを送れば，発信者のメールアドレスは，受け手に伝えられるだろう。このような場合は「記名」に近いと考えられるが，フリーメールのような場合は，相手に発信者のアドレスが伝えられても，発信者のプライバシーは侵害されることが少ないだろう。特定の期間に1回もアクセスをしなければ，そのメールアドレス自体が無効になり，その場合は，また，別のアドレスを取得することになる。フリーメールの場合，アドレスの取得に料金が不要のため，次々に新アドレスを取得することになるかもしれない。

　他の例として，手紙（封書）の場合はどうだろうか？（郵便は情報通信としては，クラシックかもしれないが，今でも重要な通信手段である。）たとえば，差出人の名前も住所もない手紙（封書）が届いたら，皆さんは，どう思うだろうか？　考えてみよう。このように様々な情報通信について調査し，現状はど

うであるか，そして，どのような問題があるか，などについて考察し，結論として，「原則として賛成」か「原則として反対」の立場を明らかにすると良い。

演習課題2　メディアの伝える情報は，正しいか？

何か興味のある出来事を決め，それについて，テレビ・ラジオ，新聞・雑誌などの報道メディアやインターネットのWebページなどから，情報を収集し，それらの内容について，次の視点で比較考察せよ。
 (1) 情報の発信者名の記載の有無（匿名か記名か）
 (2) 一次情報／二次情報（その情報の情報源はどこか）
 (3) 客観性／主観性（事実に対し，どの程度客観性があるか）
 (4) 速報性（どの程度，速く，情報を提供しているか）　　など

【ヒント／コメント】メディアという概念には幅がある。フロッピーディスクやMOなどの記録メディア，テレビ・ラジオのような放送メディア，マルチメディア，アナログメディア／ディジタルメディア，メディア（媒体）など，実に多様である。もちろん，ここでいうメディアとは，報道メディアを指しているのは言うまでもない。この演習課題は，メディアリテラシーに関係するものであり，同じ出来事でも，メディアが異なれば，印象をも反転しかねないほど，異なった報道がなされることを含めて考えるべきである。メディアの伝える情報が，特に，価値観に関して特定の人や組織に偏った紹介であったり，報道側の一方的な押し付けなどがないかということについても，判断できる能力が必要である。ここでは，4つの視点をあげているが，それぞれの視点で比較検討することにより，報道メディアに対する冷静で客観的な目を養ってほしい。

演習課題3
効果的なプレゼンテーションを行うための条件は？

プレゼンテーションソフトを用いて説明等をする時に，効果的に行う必要があるとよく言われる。この場合の効果的ということはどういうことなのだろうか？インターネット等の情報通信手段を活用して情報を収集し，それらの知識をもとに

自らが考えることにより,「効果的ということ」について箇条書きで簡潔に示せ。また,示したそれぞれのことがらについて説明をせよ。

【ヒント／コメント】この課題のポイントは,効果的にプレゼンを行う方法をインターネットから検索してその結果を書き並べるという活動を求めている訳ではないということである。インターネット等の情報手段を活用して情報を収集した後,その知識をもとにして,自分で考えて欲しいのである。例えば,効果的にいうことを,「聞き手にとって理解しやすいこと」と仮に決めれば,どのようにすれば良いかは,自分で考えられるはずである。インターネット上の無数の情報から答えを探すことばかりに傾注していれば,知らないうちに,私たちは,考えることを忘れてしまいはしないだろうか？「答え探し」は「宝探し」に似ているが,「宝に変化させる」ことが大切であり,「答えを考える」ことが重要であると言いたいのである。

演習課題 4　Web ページをどのように評価するか？

インターネット上の Web ページを閲覧し,それらの良い点／悪い点などを列挙し,これらの情報をもとに,Web ページを評価する際の視点・観点を,自ら考えて,できるだけ多くあげよ。

【ヒント／コメント】インターネット上には,無数の Web ページがある。読者の皆さんは既に,それらを閲覧した際に,「これはなかなかいいな」とか,「これは何とも趣味が悪いな」とか,いろいろと評価を行っていたことだろう。この課題は,既に皆さんが経験していると思われることだが,あらためて,課題ともなれば,紙とペンを持って Web ページの閲覧に励まれるかもしれない。この課題の意図は,過去に漠然と経験したことを対象にすることで,課題を簡単に解決するための詳細な検討を省略したり,かといって,網羅的に,公平に,客観的にと,考えが進んでくると,結構難しいものである。この課題では,一意に決まる正解なるものはないだろうが,評価の視点を・観点を考えておくことは大変重要なことである。

Part 4

情報科教育　資料編

4-1 [資料] 情報化の進展に対応した初等中等教育における情報教育の推進等に関する調査研究協力者会議 第一次報告（平成9年10月）

1 情報教育の目標

（情報教育の目標）

　本協力者会議では，第1章で述べた情報教育の現状を踏まえつつ，これからの社会においては，様々な情報や情報手段に翻弄されることなく，情報化の進展に主体的に対応できる能力をすべての子供たちに育成することが重要であると考えた。そこで，これまでの「情報活用能力」の内容との関わりも検討した上で，今後の初等中等教育段階における情報教育で育成すべき「情報活用能力」を以下のように焦点化し，系統的，体系的な情報教育の目標として位置づけることを提案する。

情報教育の目標
(1) 課題や目的に応じて情報手段を適切に活用することを含めて，必要な情報を主体的に収集・判断・表現・処理・創造し，受け手の状況などを踏まえて発信・伝達できる能力
　　　（以下，「情報活用の実践力」と略称する）
(2) 情報活用の基礎となる情報手段の特性の理解と，情報を適切に扱ったり，自らの情報活用を評価・改善するための基礎的な理論や方法の理解
　　　（以下，「情報の科学的な理解」と略称する）
(3) 社会生活の中で情報や情報技術が果たしている役割や及ぼしている影響を理解し，情報モラルの必要性や情報に対する責任について考え，望ましい情報社会の創造に参画しようとする態度
　　　（以下，「情報社会に参画する態度」と略称する）
　なお，実際の学習活動では，情報手段を具体的に活用する体験が必要であり，必要最小限の基本操作の習得にも配慮する必要がある（ここでいう情報手段は，コンピュータ等の情報機器や情報通信ネットワーク等を指す）。

(「生きる力」の育成と「情報活用の実践力」)

　「生きる力」の柱の一つは，「自分で課題を見つけ，自ら学び，自ら考え，主体的に判断し，行動し，よりよく問題を解決する資質や能力」である。これは，言い換えると自己教育力や主体的問題解決能力と表現することができる。また，「あふれる情報の中から，自分に本当に必要な情報を選択し，主体的に自らの考えを築き上げていく力」も「生きる力」の重要な要素とされている。これらの力は，情報教育の目標である「情報活用の実践力」として具体的に育成できると期待される。

　また，「自らを律しつつ，他人とともに協調し，他人を思いやる心や感動する心など，豊かな人間性」は，感性，人間性，社会性などの側面であり，家庭や学校などでの人と人との交わりや，自然や社会の現実に触れる体験を通して培われる。そのためには，コミュニケーションや表現活動が重要な役割を担うと考えることができる。

(情報活用の基礎・基本となる「情報の科学的な理解」)

　自己教育力や問題解決能力，表現・コミュニケーション能力については，これまでも学校教育において各教科等でその育成を目指してきた。「生きる力」を育成するためには，それらの能力の育成を一層充実させる必要がある。そのために情報教育が果たすべき役割は，「情報活用の実践力」を体験重視で育成することはもとより，情報に関わる学問（情報学）の成果を適切に教育内容や教育方法に取り入れ，情報活用の経験と情報学の基礎的理論と手法とを結びつけさせることで，「情報活用の実践力」の深化，定着を図ることであり，さらに，様々な情報手段に共通の原理や仕組みを理解させることで，その能力の一般化と一層の向上を図ることである。なお，ここでいう情報学は，従来のコンピュータや情報通信などの分野を中心とした情報科学に，人間科学や人文社会学等への学際的な広がりを持った学問である。

　例えば，人間の問題解決はしばしば試行錯誤的であるが，シミュレーション手法を活用することにより，今日では，環境問題や都市計画，経済活動など，科学技術から社会的事象に至るまで，あらゆる分野の問題解決に係る研究が極めて効率的かつ効果的に行えるようになってきた。このシミュレーション手法を活用するためには，対象を目的に応じて適切にモデル化し，その結果の信頼性や有効範囲などを評価する能力が必要である。情報学は，そのための基礎的・基本的な考え方を提供す

る。

　また，人間は，しばしば誤解や勘違い，もの忘れをする。これに対して，人間の認知的特性を研究対象とする分野は，人間の学習や思考，コミュニケーションの特性を解明し，人間の優れた特性の生かし方や弱点の克服の仕方を示唆する。これらに基づいた知識，技能を身につけることは，問題解決能力や自己教育力，効果的な表現・コミュニケーション能力を習得したり，情報手段を適切に活用する能力を習得する上でも極めて有効である。

　さらに，コンピュータ等の情報機器の普及や情報通信ネットワークの急速な広まりに対応して，その基本的仕組みを理解し，適切な活用方法を知ることは，生涯学習社会における自己教育力を身につけることにつながるだけでなく，国際理解教育や環境教育などで世界的規模での交流が必要となる場合には，学習手段を格段に拡げることになる。また，障害のある子供たちにとっては，積極的に社会に参加する機会を拡大し，また，他の子供たちとの交流学習の機会を広げる。

（健全な社会建設のための「情報社会に参画する態度」）
　情報化の進展による影響には，光の部分だけでなく影の部分がある。様々なメディアを通して得られる情報の中には，誤った情報や作為的に加工された情報も含まれている可能性があり，必要な情報を主体的に収集し，的確に判断するためには，それらの情報がどのような過程を経て収集，処理，加工，伝達されているのか，その仕組みの理解や，それに関わる情報手段や人間の特性の理解が重要である。そして，そのような知識の上に立って，その情報を信頼して判断し，行動したときに負うリスクや責任を知ることも，自己責任がより強調される今後の社会では極めて重要である。

　例えば，電子メールは，その便利さと裏腹に，誤った情報が広がる可能性も高い。何らかの情報を受け取ったときに，その真偽を判断する方法を身につけていないと，デマに惑わされ，気づかないうちにその拡大に加担してしまうこともある。その一方で，情報通信ネットワークを活用すれば，これまでマスメディア等を通して間接的にしか得られなかった様々な情報が簡単に入手できる。情報源の違う情報を比較

することができれば，情報を正しく判断したり，批判する能力を身につけることができ，情報化の影の影響を克服して，一人ひとりが健全な社会の創造に参加することも期待できよう。

　もちろん，我々は，より豊かな社会の実現を目指して情報手段を活用するのであり，情報手段に依存し過ぎて，バーチャルな世界と現実の世界との区別がつかなくなったり，処理された情報を疑うことなく信じ込んだり，人間が機械に使われるかのような状況はあってはならない。直接体験と間接体験，事実と解釈，切り取られたり加工された情報と生の情報を見分ける感覚の育成が大切であり，また，人間が機械を活用するという視点を見失うことのないようにすることも極めて重要である。

（3つの能力の関連性）
　ここでは，「情報活用能力」を3つに分類したが，それらは独立のものとして扱うのではなく，相互に関連づけることが重要である。例えば，情報手段を適切に活用するためには，目の前の情報手段のみに目を奪われることなく，その機能や特性，効果などを正しく理解することが重要であることは既に述べた。逆に，情報学の基礎的理論や手法を習得しても，それを必要なときに活用できる実践的能力が身についていなければ意味がない。情報化社会の影の影響を知ることは大切であるが，単にそれを強調するだけでは適切な情報手段の活用は期待できない。それを克服するためには，情報手段の原理や仕組みを理解し，どのようなときにどのように活用して情報を判断・処理したらよいかを身につけることが重要である。

[資料]
① 高等学校学習指導要領
　第2章 第10節 情報（普通教科「情報」）
② 高等学校学習指導要領
　第3章 第7節 情報（専門教科「情報」）

第2章　普通教育に関する各教科

第10節　情　報

第1款　目　標

情報及び情報技術を活用するための知識と技能の習得を通して，情報に関する科学的な見方や考え方を養うとともに，社会の中で情報及び情報技術が果たしている役割や影響を理解させ，情報化の進展に主体的に対応できる能力と態度を育てる。

第2款　各　科　目

第1　情報Ａ

1　目　標

コンピュータや情報通信ネットワークなどの活用を通して，情報を適切に収集・処理・発信するための基礎的な知識と技能を習得させるとともに，情報を主体的に活用しようとする態度を育てる。

2　内　容

(1) 情報を活用するための工夫と情報機器
　ア　問題解決の工夫
　　　問題解決を効果的に行うためには，目的に応じた解決手順の工夫とコンピュータや情報通信ネットワークなどの適切な活用が必要であることを理解させる。
　イ　情報伝達の工夫
　　　情報を的確に伝達するためには，伝達内容に適した提示方法の工夫とコンピュ

ータや情報通信ネットワークなどの適切な活用が必要であることを理解させる。
(2) 情報の収集・発信と情報機器の活用
　ア　情報の検索と収集
　　　情報通信ネットワークやデータベースなどの活用を通して，必要とする情報を効率的に検索・収集する方法を習得させる。
　イ　情報の発信と共有に適した情報の表し方
　　　情報を効果的に発信したり，情報を共有したりするためには，情報の表し方に工夫や取決めが必要であることを理解させる。
　ウ　情報の収集・発信における問題点
　　　情報通信ネットワークやデータベースなどを利用した情報の収集・発信の際に起こり得る具体的な問題及びそれを解決したり回避したりする方法の理解を通して，情報社会で必要とされる心構えについて考えさせる。
(3) 情報の統合的な処理とコンピュータの活用
　ア　コンピュータによる情報の統合
　　　コンピュータの機能とソフトウェアとを組み合わせて活用することを通して，コンピュータは多様な形態の情報を統合できることを理解させる。
　イ　情報の統合的な処理
　　　収集した多様な形態の情報を目的に応じて統合的に処理する方法を習得させる。
(4) 情報機器の発達と生活の変化
　ア　情報機器の発達とその仕組み
　　　情報機器の発達の歴史に沿って，情報機器の仕組みと特性を理解させる。
　イ　情報化の進展が生活に及ぼす影響
　　　情報化の進展が生活に及ぼす影響を身のまわりの事例などを通して認識させ，情報を生活に役立て主体的に活用しようとする心構えについて考えさせる。
　ウ　情報社会への参加と情報技術の活用
　　　個人が情報社会に参加する上でコンピュータや情報通信ネットワークなどを適切に使いこなす能力が重要であること及び将来にわたって情報技術の活用能力を高めていくことが必要であることを理解させる。

3　内容の取扱い
(1) 内容の (1) の実習については，内容の (2) 及び (3) とのつながりを考慮し

たものを扱うようにする。アについては，一つの問題に対し，複数の解決方法を試み，それらの結果を比較する実習を，イについては，プレゼンテーション用ソフトウェアなどを活用した実習を扱うようにする。

(2) 内容の (2) については，情報通信ネットワークなどを活用した実習を中心に扱うようにする。アについては，情報の検索・収集の工夫と情報を提供する側の工夫との関連性に触れるものとする。イについては，情報の利用の仕方に応じた表し方の選択や，情報の作成，利用にかかわる共通の取決めの必要性を扱うものとする。ウについては，情報の伝達手段の信頼性，情報の信憑性，情報発信に当たっての個人の責任，プライバシーや著作権への配慮などを扱うものとする。

(3) 内容の (3) のアについては，周辺機器やソフトウェアなどの活用方法を扱うが，技術的な内容に深入りしないようにする。イについては，多様な形態の情報を統合的に活用することが必要な課題を設定し，文書処理，表計算，図形・画像処理，データベースなどのソフトウェアを目的に応じて使い分けたり組み合わせたりして活用する実習を中心に扱うようにする。

(4) 内容の (4) のアについては，いろいろな情報機器についてアナログとディジタルとを対比させる観点から扱うとともに，コンピュータと情報通信ネットワークの仕組みも扱うものとする。その際，技術的な内容に深入りしないようにする。イについては，情報化の進展に伴う生活スタイルや仕事の内容・方法などの変化を調べたり，討議したりする学習を取り入れるようにする。ウについては，内容の (1) から (4) のイまでの学習と関連させて扱うようにする。

第2　情報B

1　目　　標

コンピュータにおける情報の表し方や処理の仕組み，情報社会を支える情報技術の役割や影響を理解させ，問題解決においてコンピュータを効果的に活用するための科学的な考え方や方法を習得させる。

2　内　　容

(1) 問題解決とコンピュータの活用

　ア　問題解決における手順とコンピュータの活用

　　問題解決においては，解決の手順と用いる手段の違いが結果に影響を与える

こと及びコンピュータの適切な活用が有効であることを理解させる。
　イ　コンピュータによる情報処理の特徴
　　コンピュータを適切に活用する上で知っておくべきコンピュータによる情報処理の長所と短所を理解させる。
(2)　コンピュータの仕組みと働き
　ア　コンピュータにおける情報の表し方
　　文字，数値，画像，音などの情報をコンピュータ上で表す方法についての基本的な考え方及び情報のディジタル化の特性を理解させる。
　イ　コンピュータにおける情報の処理
　　コンピュータの仕組み，コンピュータ内部での基本的な処理の仕組み及び簡単なアルゴリズムを理解させる。
　ウ　情報の表し方と処理手順の工夫の必要性
　　コンピュータを活用して情報の処理を行うためには，情報の表し方と処理手順の工夫が必要であることを理解させる。
(3)　問題のモデル化とコンピュータを活用した解決
　ア　モデル化とシミュレーション
　　身のまわりの現象や社会現象などを通して，モデル化とシミュレーションの考え方や方法を理解させ，実際の問題解決に活用できるようにする。
　イ　情報の蓄積・管理とデータベースの活用
　　情報を蓄積・管理するためのデータベースの概念を理解させ，簡単なデータベースを設計し，活用できるようにする。
(4)　情報社会を支える情報技術
　ア　情報通信と計測・制御の技術
　　情報通信と計測・制御の仕組み及び社会におけるそれらの技術の活用について理解させる。
　イ　情報技術における人間への配慮
　　情報技術を導入する際には，安全性や使いやすさを高めるための配慮が必要であることを理解させる。
　ウ　情報技術の進展が社会に及ぼす影響
　　情報技術の進展が社会に及ぼす影響を認識させ，情報技術を社会の発展に役立てようとする心構えについて考えさせる。

3 内容の取扱い

(1) 内容の (1) については, (2) 以降の内容の基礎となる体験ができるような実習を扱うようにする。アについては, 問題解決の手順を明確に記述させる指導を取り入れるようにする。イについては, 人間とコンピュータの情報処理を対比させて, コンピュータの処理の高速性を示す例や, 人間にとっては簡単な情報処理がコンピュータでは必ずしも簡単ではない例などを体験できる実習を扱うようにする。

(2) 内容の (2) については, コンピュータや模型などを使った学習を取り入れるようにする。ア及びイについては, 図を用いた説明などによって基本的な考え方を理解させることを重視するようにする。イのコンピュータ内部での基本的な処理の仕組みについては, 一つ一つの命令がステップで動いていることを扱う程度とする。アルゴリズムの具体例については, 並べ替えや探索などのうち, 基本的なものにとどめるようにする。ウについては, 生徒自身に工夫させることができる簡単な課題を用いて, 実習を中心に扱い, 結果を生徒同士で相互評価させるような学習を取り入れるようにする。

(3) 内容の (3) については, ソフトウェアやプログラミング言語を用い, 実習を中心に扱うようにする。その際, ソフトウェアの利用技術やプログラミング言語の習得が目的とならないようにする。ア及びイについては, 基本的な考え方は必ず扱うが, 実習については, 生徒の実態等に応じ, いずれかを選択して扱うことができる。アについては, 内容の (2) のイ, ウ及び (4) のアと関連付けた題材や, 時間経過や偶然性に伴って変化する現象などのうち, 簡単にモデル化できる題材を扱い, 数理的, 技術的な内容に深入りしないようにする。

(4) 内容の (4) のアについては, 動作を確認できるような学習を取り入れるようにする。ウについては, 情報技術の進展が社会に及ぼす影響について, 情報通信ネットワークなどを活用して調べたり, 討議したりする学習を取り入れるようにする。

第3 情報C

1 目　　標

情報のディジタル化や情報通信ネットワークの特性を理解させ, 表現やコミュニケーションにおいてコンピュータなどを効果的に活用する能力を養うとともに, 情

報化の進展が社会に及ぼす影響を理解させ，情報社会に参加する上での望ましい態度を育てる。

2 内　　容

(1) 情報のディジタル化

　ア　情報のディジタル化の仕組み

　　　コンピュータなどにおける，文字，数値，画像，音などの情報のディジタル化の仕組みを理解させる。

　イ　情報機器の種類と特性

　　　身のまわりに見られる情報機器について，その機能と役割を理解させるとともに，ディジタル化により多様な形態の情報が統合的に扱えることを理解させる。

　ウ　情報機器を活用した表現方法

　　　情報機器を活用して多様な形態の情報を統合することにより，伝えたい内容を分かりやすく表現する方法を習得させる。

(2) 情報通信ネットワークとコミュニケーション

　ア　情報通信ネットワークの仕組み

　　　情報通信ネットワークの仕組みとセキュリティを確保するための工夫について理解させる。

　イ　情報通信の効率的な方法

　　　情報伝達の速度や容量を表す単位について理解させるとともに，情報通信を速く正確に行うための基本的な考え方を理解させる。

　ウ　コミュニケーションにおける情報通信ネットワークの活用

　　　電子メールや電子会議などの情報通信ネットワーク上のソフトウェアについて，コミュニケーションの目的に応じた効果的な活用方法を習得させる。

(3) 情報の収集・発信と個人の責任

　ア　情報の公開・保護と個人の責任

　　　多くの情報が公開され流通している実態と情報の保護の必要性及び情報の収集・発信に伴って発生する問題と個人の責任について理解させる。

　イ　情報通信ネットワークを活用した情報の収集・発信

　　　身のまわりの現象や社会現象などについて，情報通信ネットワークを活用して調査し，情報を適切に収集・分析・発信する方法を習得させる。

(4) 情報化の進展と社会への影響

ア　社会で利用されている情報システム
　　　社会で利用されている代表的な情報システムについて，それらの種類と特性，情報システムの信頼性を高める工夫などを理解させる。
　イ　情報化が社会に及ぼす影響
　　　情報化が社会に及ぼす影響を様々な面から認識させ，望ましい情報社会の在り方を考えさせる。

3　内容の取扱い

(1) 内容の (1) のアについては，文字コード，2進数表現，標本化などについて，図を用いた説明などによって基本的な考え方を扱い，数理的，技術的な内容に深入りしないようにする。ウについては，実習を中心に扱い，生徒同士で相互評価させる学習を取り入れるようにする。

(2) 内容の (2) のアのセキュリティを確保するための工夫については，身近な事例を通して，個人認証や暗号化の必要性，情報通信ネットワークの保守・管理の重要性などを扱うものとする。イについては，誤り検出・訂正，情報の圧縮などの原理を平易に扱うものとする。ウについては，実習を中心に扱うようにする。

(3) 内容の (3) のアの情報の保護の必要性については，プライバシーや著作権などの観点から扱い，情報の収集・発信に伴って発生する問題については，誤った情報や偏った情報が人間の判断に及ぼす影響，不適切な情報への対処法などの観点から扱うようにする。イについては，適切な題材を選び，情報の収集から分析・発信までを含めた一連の実習を中心に扱うようにする。情報の分析については，表計算ソフトウェアなどの簡単な統計分析機能やグラフ作成機能などを扱うようにする。

(4) 内容の (4) のイについては，情報化が社会に及ぼす影響を，情報通信ネットワークなどを活用して調べたり，討議したりする学習を取り入れるようにする。

第3款　各科目にわたる指導計画の作成と内容の取扱い

1　指導計画の作成に当たっては，次の事項に配慮するものとする。

(1) 中学校での学習の程度を踏まえるとともに，情報科での学習が他の各教科・科目等の学習に役立つよう，他の各教科・科目等との連携を図ること。

(2) 各科目の目標及び内容等に即してコンピュータや情報通信ネットワークなどを

活用した実習を積極的に取り入れること。原則として,「情報A」では総授業時数の2分の1以上を,「情報B」及び「情報C」では総授業時数の3分の1以上を,実習に配当すること。
(3) 情報機器を活用した学習を行うに当たっては,生徒の健康と望ましい習慣を身に付ける観点から,照明やコンピュータの使用時間などに留意すること。
2 内容の取扱いに当たっては,次の事項に配慮するものとする。
(1) 各科目の指導においては,内容の全体を通して情報モラルの育成を図ること。
(2) 授業で扱う具体例などについては,情報技術の進展に対応して適宜見直す必要があるが,技術的な内容に深入りしないよう留意すること。

第3章 専門教育に関する各教科

第7節 情　報

第1款 目　標

情報の各分野に関する基礎的・基本的な知識と技術を習得させ,現代社会における情報の意義や役割を理解させるとともに,高度情報通信社会の諸課題を主体的,合理的に解決し,社会の発展を図る創造的な能力と実践的な態度を育てる。

第2款 各 科 目

第1 情報産業と社会
1 目　標
情報産業と社会とのかかわりについての基本的な知識を習得させ,情報への興味や関心を高めるとともに,情報に関する広い視野を養い,創造する力を伸ばし,社会の発展を図る能力と態度を育てる。
2 内　容
(1) 情報化と社会
　ア　情報化と社会生活
　イ　情報産業の発展と社会

ウ　高度情報通信社会のモラル
(2) 情報化を支える科学技術
　　ア　ハードウェアの基礎
　　イ　ソフトウェアの基礎
　　ウ　コンピュータの利用形態

3　内容の取扱い
(1) 内容の構成及びその取扱いに当たっては，次の事項に配慮するものとする。
　　ア　指導に当たっては，コンピュータを活用した学習や産業現場の見学等を通して，理解を深めさせるよう留意すること。
(2) 内容の範囲や程度については，次の事項に配慮するものとする。
　　ア　内容の (1) のアについては，情報化が社会生活に及ぼす影響を扱うこと。また，情報伝達手段の変遷を簡単に扱うこと。イについては，情報産業の現状を取り上げ，情報産業の発展と社会とのかかわりについて理解させ，情報産業の今後の在り方について考えさせること。ウについては，高度情報通信社会を主体的に生きるための個人及び産業人としての在り方，著作権やプライバシーの保護，情報発信者の責任などの情報モラルの必要性及び情報のセキュリティ管理の重要性について理解させること。
　　イ　内容の (2) のアについては，コンピュータが扱うデータ及びコンピュータの基本的構成要素について総合的に理解させること。イについては，基本ソフトウェア及びアプリケーションソフトウェアの役割と特徴について総合的に理解させること。ウについては，集中処理及び分散処理の概念について理解させること。

第2　課題研究

1　目　　標
　情報に関する課題を設定し，その課題の解決を図る学習を通して，専門的な知識と技術の深化，総合化を図るとともに，問題解決の能力や自発的，創造的な学習態度を育てる。

2　内　　容
(1) 調査，研究，実験
(2) 作品の制作
(3) 産業現場等における実習

(4) 職業資格の取得
3　内容の取扱い
(1) 内容の構成及びその取扱いに当たっては，次の事項に配慮するものとする。
　ア　生徒の興味・関心，進路希望等に応じて，内容の(1)から(4)までの中から個人又はグループで適切な課題を設定させること。なお，課題は内容の(1)から(4)までの2項目以上にまたがる課題を設定することができること。
　イ　課題研究の成果について発表する機会を設けるよう努めること。

第3　情報実習
1　目　　標
　各専門分野に関する技術を実際の作業を通して総合的に習得させ，技術革新に主体的に対応できる能力と態度を育てる。
2　内　　容
(1) 基礎的な情報実習
(2) システム設計・管理に関する実習
(3) マルチメディアに関する実習
3　内容の取扱い
(1) 内容の構成及びその取扱いに当たっては，次の事項に配慮するものとする。
　ア　内容の(2)及び(3)については，学科の特色や生徒の進路希望等に応じて，選択して扱うこと。
　イ　他人の著作物を利用するに当たっては，著作権等の取扱いに留意させること。
(2) 内容の範囲や程度については，次の事項に配慮するものとする。
　ア　内容の(1)については，内容の(2)及び(3)に共通する基礎的な実習を扱うこと。
　イ　内容の(2)については，アルゴリズムに関する実習，情報システムの開発に関する実習，ネットワークシステムに関する実習などを，学校や生徒の実態に応じて扱うこと。
　ウ　内容の(3)については，コンピュータデザインに関する実習，図形と画像の処理に関する実習，マルチメディア表現に関する実習，モデル化とシミュレーションに関する実習などを，学校や生徒の実態に応じて扱うこと。

第4 情報と表現
1 目標
　情報と表現に関する基礎的・基本的な知識と技術を習得させ，表現力を伸ばすとともに，情報を適切に表現する能力と態度を育てる。

2 内容
（1）情報活用とメディア
　　ア　メディアの種類と特性
　　イ　コミュニケーションの基礎
（2）情報活用の基礎
　　ア　文書による表現技法
　　イ　図形・画像による表現技法
　　ウ　音・音楽による表現技法
（3）情報発信の基礎
　　ア　プレゼンテーションの基礎
　　イ　プレゼンテーションによる情報発信
　　ウ　情報通信ネットワークを活用した情報発信

3 内容の取扱い
（1）内容の構成及びその取扱いに当たっては，次の事項に配慮するものとする。
　　ア　情報機器に固有な表現や特性などについて理解させ，その機器の基本的な操作を習得させること。
　　イ　内容の（1）については，文字，画像，音など，コミュニケーションを行う際のメディアを扱うこと。
（2）内容の範囲や程度については，次の事項に配慮するものとする。
　　ア　内容の（1）のアについては，それぞれのメディアの基本的な特性について理解させること。また，メディアの変遷と今後の展望について，情報関連機器の発達と関連付けて考えさせること。イについては，コミュニケーションの基本的な技法を扱うこと。
　　イ　内容の（2）については，ソフトウェアを利用した文書，図形・画像及び音・音楽による基礎的な表現技法を扱い，その活用方法を習得させること。
　　ウ　内容の（3）のアについては，プレゼンテーションツールとしてのアプリケーションソフトウェアや関連機器の特色に触れるとともに，効果的なプレゼン

テーションの技法を扱うこと。イについては，プレゼンテーションの対象に即した企画書や報告書などの作成技法を扱うこと。ウについては，情報通信ネットワークを活用した情報の検索，収集及び発信の技法を習得させること。

第5　アルゴリズム
1　目　　標
　データ構造と代表的なアルゴリズムに関する知識と技術を習得させ，実際に活用する能力と態度を育てる。
2　内　　容
(1)　数値計算の基礎
　　ア　基本的なアルゴリズム
　　イ　数値計算
(2)　データの型とデータの構造
　　ア　データの基本的な型と構造
　　イ　データ構造とアルゴリズム
(3)　整列
(4)　探索
(5)　データベースの概要
　　ア　ファイルとデータベース
　　イ　データベースの仕組み
　　ウ　データベースの設計と操作
3　内容の取扱い
(1)　内容の構成及びその取扱いに当たっては，次の事項に配慮するものとする。
　　ア　指導に当たっては，コンピュータを活用した実習や演習を通して，解決すべき課題の内容に応じて，アルゴリズムを適切に選択し，改善していくことの重要性について理解させること。
　　イ　使用するプログラム言語及びアプリケーションソフトウェアについては，生徒や学校の実態に応じて適切なものを選択すること。
(2)　内容の範囲や程度については，次の事項に配慮するものとする。
　　ア　内容の(1)のアについては，アルゴリズムとプログラムに関する基本的な内容を扱い，順次，選択，繰り返し構造で表現できるアルゴリズムについて理

解させること。イについては，簡単な統計処理などを例に，数値計算のアルゴリズムについて理解させること。その際，コンピュータが扱う数値の表現における誤差も簡単に扱うこと。

イ　内容の（2）のアについては，数値型，文字型及び論理型並びにレコード及び配列を扱うこと。イについては，具体的な事例を通して，データ構造の選択と効率的なアルゴリズムの重要性について理解させること。

ウ　内容の（3）については，複数の基礎的な整列法を取り上げ，それぞれの基本的な考え方，具体的なアルゴリズム及びその違いについて理解させ，効率的なアルゴリズムについて考えさせること。

エ　内容の（4）については，線形探索法と二分探索法を取り上げ，それぞれの基本的な考え方，具体的なアルゴリズム及びその違いについて理解させ，効率的なアルゴリズムについて考えさせること。

オ　内容の（5）のアについては，ファイルとデータベースの意義と目的及びデータベースの有用性について理解させること。イについては，リレーショナルモデルを取り上げ，基本的なデータベースの仕組み及びデータベース管理システムについて理解させること。ウについては，データベースの設計の概要及び正規化の必要性について理解させ，データベースの基本的な操作を習得させること。

第6　情報システムの開発

1　目　標

情報システムの設計に関する知識と技術を習得させ，実際に活用する能力と態度を育てる。

2　内　容

（1）情報システムの概要
　　ア　情報システム化の技法
　　イ　ソフトウェア開発の基礎
（2）情報システムの設計
　　ア　プログラム設計
　　イ　プログラミングと単体テスト
（3）ソフトウェアテスト

(4) 運用保守

3 内容の取扱い
(1) 内容の構成及びその取扱いについては，次の事項に配慮するものとする。
　ア　指導に当たっては，開発する情報システムに応じて適切なプログラム言語を選択し活用できる能力の育成に留意すること。
　イ　内容の(2)については，構造化設計の考え方について理解させること。なお，オブジェクト指向設計も，生徒の興味・関心に応じて扱うことができること。
(2) 内容の範囲や程度については，次の事項に配慮するものとする。
　ア　内容の(1)のアについては，情報システムの対象となる業務や工程のモデルの作成，システム構成や機能の分析及び設計を行うときに利用される代表的な技法を扱うこと。イについては，システム設計の具体的な事例を通して，ソフトウェア開発における工程の内容とライフサイクルについて理解させること。
　イ　内容の(2)のアについては，開発対象に適した設計方法を取り上げ，プログラム設計で行う作業内容について理解させること。イについては，プログラミングから単体テストまでの工程を扱うこと。
　ウ　内容の(3)については，ソフトウェア開発におけるテスト工程とテストケースの設計手法を扱うこと。
　エ　内容の(4)については，情報システムの運用保守体制について，具体的な事例を通して理解させること。

第7　ネットワークシステム
1　目　　標
情報通信ネットワークシステムに関する知識と技術を習得させ，実際に活用する能力と態度を育てる。

2　内　　容
(1) ネットワークの基礎
　ア　ネットワークの種類
　イ　伝送の手順と接続方式
　ウ　関連技術
(2) ネットワークの構築
　ア　ネットワークの分析

イ　ネットワークの設計
(3) ネットワークの運用と保守
　　ア　運用管理
　　イ　保守
(4) ネットワークの安全対策

3　内容の取扱い
(1) 内容の構成及びその取扱いに当たっては，次の事項に配慮するものとする。
　　ア　ネットワークシステムの全体像について情報通信ネットワークシステムの設計と運用保守の視点から理解させるとともに，通信回線や関連機器のハードウェアの概要について理解させること。
(2) 内容の範囲や程度については，次の事項に配慮するものとする。
　　ア　内容の (1) のアについては，基本的なネットワークの種類及び代表的な区分によるネットワークの概要を扱うこと。ウについては，変調方式，ネットワークアーキテクチャなどを扱うこと。
　　イ　内容の (2) のアについては，ネットワークシステムの要求分析及びそのための必要条件について理解させること。イについては，具体的な事例を通して，ネットワークシステムの設計の基礎的な内容について理解させること。
　　ウ　内容の (3) については，ネットワークシステムの運用管理と保守の必要性及びその具体的な手法を扱い，業務管理や分散システムの管理などの高度な内容に深入りしないこと。
　　エ　内容の (4) については，具体的な事例を通して，自然災害や人為的過失などに対する安全対策の基礎的な内容を扱うこと。

第8　モデル化とシミュレーション
1　目　標
　様々な現象を数理的に捉え，コンピュータで解析し，視覚化するための知識と技術を習得させ，実際に活用する能力と態度を育てる。
2　内　容
(1) モデル化とその解法
　　ア　モデル化の基礎
　　イ　モデルの種類と特性

ウ　シミュレーションの基礎
(2) 現象のモデル化とシミュレーション
　　ア　連続的に変化する現象
　　イ　離散的に変化する現象
　　ウ　その他の現象
3　内容の取扱い
(1) 内容の構成及びその取扱いに当たっては，次の事項に配慮するものとする。
　　ア　指導に当たっては，モデル化やシミュレーションが自然現象や社会現象の将来予測や問題解決の有効な手段であることについて，具体的な事例を通して理解させること。その際，アプリケーションソフトウェアを活用して体験的に理解させるよう留意すること。
　　イ　内容の (2) については，生徒の興味・関心等に応じて適切な課題を設定し，その解決を通して理解させること。
(2) 内容の範囲や程度については，次の事項に配慮するものとする。
　　ア　内容の (1) については，モデルの種類に応じて適切なシミュレーションの解法があることについて理解させること。アについては，構造決定や関数関係の決定の基礎的な内容について具体的な事例を通して理解させることとし，理論的に深入りしないこと。イについては，様々なモデルの特性やその概要について理解させること。ウについては，システムのシミュレーション等の概要を扱い，理論的に深入りしないこと。
　　イ　内容の (2) については，身近な現象を取り上げ，モデル化とシミュレーションの技法やその有効性について理解させること。

第9　コンピュータデザイン

1　目　　　標
　コンピュータによるデザインに関する基礎的な知識と技術を習得させ，実際に創造し応用する能力と態度を育てる。
2　内　　　容
(1) 造形表現の基礎
　　ア　デザインの意義
　　イ　デザインの条件

ウ　数理的造形
(2) コンピュータデザインの基礎
　　ア　表現と心理
　　イ　記号の操作と意味の演出
(3) コンピュータデザインの基本要素と構成
　　ア　デザインエレメント
　　イ　エレメントの視覚的構成
3　内容の取扱い
(1) 内容の構成及びその取扱いに当たっては，次の事項に配慮するものとする。
　　ア　指導に当たっては，手作業及びコンピュータによるデザインの作業を通して，表現力や造形力を身に付けさせること。
(2) 内容の範囲や程度については，次の事項に配慮するものとする。
　　ア　内容の (1) については，造形表現の基本的な要素と働き及び構成の基本的な考え方について理解させること。ウについては，表現技術として必要な数式等を活用する程度にとどめ，数学的に深入りしないこと。
　　イ　内容の (2) については，造形の意図を適切に表現するための心理学的な知識や技術に触れるとともに，作品を通して作者が伝えようとしている考えや意味について理解できるようにすること。
　　ウ　内容の (3) のアについては，コンピュータデザインの基本要素の特性や各要素の表現技法について理解させること。イについては，表現意図に合わせた空間や時間における要素の構成について理解させること。

第10　図形と画像の処理

1　目　　標
　コンピュータによる図形と画像の処理技法に関する知識と技術を習得させ，実際に活用する能力と態度を育てる。
2　内　　容
(1) 図形の表現
　　ア　基本図形の表現
　　イ　座標変換の利用
　　ウ　立体図形による表現

(2) 画像のディジタル化
　　ア　ディジタル画像
　　イ　画像の標本化と量子化
(3) 画像の変換と合成
　　ア　幾何変換
　　イ　色彩変換
　　ウ　合成
　　エ　動きの表現
　　オ　アニメーションとシミュレーション
3　内容の取扱い
(1) 内容の構成及びその取扱いに当たっては，次の事項に配慮するものとする。
　　ア　指導に当たっては，コンピュータによる図形の処理及び画像の処理にかかわる技法を習得させること。なお，数学的に深入りしないこと。
(2) 内容の範囲や程度については，次の事項に配慮するものとする。
　　ア　内容の(1)のア及びイについては，点と線，多角形と面などの基本図形及び座標変換による図形と投影図の生成を扱うこと。ウについては，立体図形の表現という視点から，モデルの種類と特徴，モデルの生成法等を扱うこと。
　　イ　内容の(2)については，具体的な事例を通して，画像のディジタル化に関する基本的な原理について理解させること。
　　ウ　内容の(3)については，学校や生徒の実態に応じて適切なアプリケーションソフトウェアを使用して，画像の変換と合成の基礎的な仕組みについて理解させること。

第11　マルチメディア表現

1　目　標

　マルチメディアによる表現活動を通して，マルチメディアによる伝達効果とその特質について理解させ，作品を構成し企画する実践的な能力と態度を育てる。

2　内　容

(1) 静止画の設計と表現
　　ア　静止画の処理
　　イ　静止画による表現

(2) 動画の設計と表現
　　ア　動画の処理
　　イ　動画による表現
(3) 音・音楽の設計と表現
　　ア　音・音楽の設計
　　イ　音・音楽の表現
(4) 作品制作
3　内容の取扱い
(1) 内容の構成及びその取扱いに当たっては，次の事項に配慮するものとする。
　　ア　指導に当たっては，作品制作を通して，企画力，構成力，表現力など，マルチメディアを効果的に活用することができる基礎的な知識と技術を習得させること。
　　イ　他人の著作物を利用するに当たっては，著作権等の取扱いに留意させること。
(2) 内容の範囲や程度については，次の事項に配慮するものとする。
　　ア　内容の (1) から (3) までについては，各素材の性質とアプリケーションソフトウェアを利用した素材の取り込みや編集及び作品の作成技法を扱うこと。
　　イ　内容の (4) については，作品の制作に利用するメディアの検討，内容の計画，素材の収集及び作品の組立の一連の過程を扱うこと。

第３款　各科目にわたる指導計画の作成と内容の取扱い

1　指導計画の作成に当たっては，次の事項に配慮するものとする。
(1) 情報に関する各学科においては，「情報産業と社会」及び「課題研究」を原則としてすべての生徒に履修させること。
(2) 情報に関する各学科においては，原則として情報に関する科目に配当する総授業時数の10分の5以上を実験・実習に配当すること。
(3) 地域や産業界との連携を図り，就業体験を積極的に取り入れるとともに，社会人講師を積極的に活用するなどの工夫に努めること。
2　各科目の指導に当たっては，コンピュータや情報通信ネットワークなどの活用を図り，学習の効果を高めるよう配慮するものとする。
3　実験・実習を行うに当たっては，施設・設備の安全管理に配慮し，学習環境を整えるとともに，事故防止の指導を徹底し，安全と衛生に十分留意するものとする。

4-3 [資料] 中学校学習指導要領 第2章 第8節 技術・家庭

第2章　各教科

第8節　技術・家庭

第1　目　標

　生活に必要な基礎的な知識と技術の習得を通して，生活と技術とのかかわりについて理解を深め，進んで生活を工夫し創造する能力と実践的な態度を育てる。

第2　各分野の目標及び内容

〔技術分野〕

1　目　標

　実践的・体験的な学習活動を通して，ものづくりやエネルギー利用及びコンピュータ活用等に関する基礎的な知識と技術を習得するとともに，技術が果たす役割について理解を深め，それらを適切に活用する能力と態度を育てる。

2　内　容

A　技術とものづくり

(1) 生活や産業の中で技術の果たしている役割について，次の事項を指導する。
　ア　技術が生活の向上や産業の発展に果たしている役割について考えること。
　イ　技術と環境・エネルギー・資源との関係について知ること。
(2) 製作品の設計について，次の事項を指導する。
　ア　使用目的や使用条件に即した製作品の機能と構造について考えること。
　イ　製作品に用いる材料の特徴と利用方法を知ること。
　ウ　製作品の構想の表示方法を知り，製作に必要な図をかくことができること。
(3) 製作に使用する工具や機器の使用方法及びそれらによる加工技術について，次の事項を指導する。

ア　材料に適した加工法を知ること。
　　イ　工具や機器を適切に使い，製作品の部品加工，組立て及び仕上げができること。
　(4)　製作に使用する機器の仕組み及び保守について，次の事項を指導する。
　　ア　機器の基本的な仕組みを知ること。
　　イ　機器の保守と事故防止ができること。
　(5)　エネルギーの変換を利用した製作品の設計・製作について，次の事項を指導する。
　　ア　エネルギーの変換方法や力の伝達の仕組みを知り，それらを利用した製作品の設計ができること。
　　イ　製作品の組立て・調整や，電気回路の配線・点検ができること。
　(6)　作物の栽培について，次の事項を指導する。
　　ア　作物の種類とその生育過程及び栽培に適する環境条件を知ること。
　　イ　栽培する作物に即した計画を立て，作物の栽培ができること。
B　情報とコンピュータ
　(1)　生活や産業の中で情報手段の果たしている役割について，次の事項を指導する。
　　ア　情報手段の特徴や生活とコンピュータとのかかわりについて知ること。
　　イ　情報化が社会や生活に及ぼす影響を知り，情報モラルの必要性について考えること。
　(2)　コンピュータの基本的な構成と機能及び操作について，次の事項を指導する。
　　ア　コンピュータの基本的な構成と機能を知り，操作ができること。
　　イ　ソフトウェアの機能を知ること。
　(3)　コンピュータの利用について，次の事項を指導する。
　　ア　コンピュータの利用形態を知ること。
　　イ　ソフトウェアを用いて，基本的な情報の処理ができること。
　(4)　情報通信ネットワークについて，次の事項を指導する。
　　ア　情報の伝達方法の特徴と利用方法を知ること。
　　イ　情報を収集，判断，処理し，発信ができること。
　(5)　コンピュータを利用したマルチメディアの活用について，次の事項を指導する。
　　ア　マルチメディアの特徴と利用方法を知ること。
　　イ　ソフトウェアを選択して，表現や発信ができること。
　(6)　プログラムと計測・制御について，次の事項を指導する。
　　ア　プログラムの機能を知り，簡単なプログラムの作成ができること。
　　イ　コンピュータを用いて，簡単な計測・制御ができること。

3　内容の取扱い
(1) 内容の「A　技術とものづくり」については，次のとおり取り扱うものとする。
　ア　(1)のイについては，技術の進展がエネルギーや資源の有効利用，自然環境の保全に貢献していることについて扱うこと。
　イ　(2)，(3)及び(4)については，主として木材・金属などを使用した製作品を取り上げること。(2)のウについては，等角図，キャビネット図のいずれかを扱うこと。
　ウ　(4)については，製作に使用する電気機器の基本的な電気回路や，漏電・感電等についても扱うこと。
　エ　(6)については，草花や野菜等の普通栽培を原則とするが，地域や学校の実情等に応じて施設栽培等を扱うこともできること。
(2) 内容の「B　情報とコンピュータ」については，次のとおり取り扱うものとする。
　ア　(1)のアについては，身近な事例を通して情報手段の発展についても簡単に扱うこと。(1)のイについては，インターネット等の例を通して，個人情報や著作権の保護及び発信した情報に対する責任について扱うこと。
　イ　(3)のイについては，生徒の実態を考慮し文書処理，データベース処理，表計算処理，図形処理等の中から選択して取り上げること。
　ウ　(4)については，コンピュータを利用したネットワークについて扱うこと。
　エ　(6)のイについては，インタフェースの仕組み等に深入りしないこと。

〔家庭分野〕
1　目　　標
　実践的・体験的な学習活動を通して，生活の自立に必要な衣食住に関する基礎的な知識と技術を習得するとともに，家庭の機能について理解を深め，課題をもって生活をよりよくしようとする能力と態度を育てる。
2　内　　容
A　生活の自立と衣食住
(1) 中学生の栄養と食事について，次の事項を指導する。
　ア　生活の中で食事が果たす役割や，健康と食事とのかかわりについて知ること。
　イ　栄養素の種類と働きを知り，中学生の時期の栄養の特徴について考えること。
　ウ　食品の栄養的特質を知り，中学生に必要な栄養を満たす1日分の献立を考え

ること。
(2) 食品の選択と日常食の調理の基礎について，次の事項を指導する。
 ア　食品の品質を見分け，用途に応じて適切に選択することができること。
 イ　簡単な日常食の調理ができること。
 ウ　食生活の安全と衛生に留意し，食品や調理器具等の適切な管理ができること。
(3) 衣服の選択と手入れについて，次の事項を指導する。
 ア　衣服と社会生活とのかかわりを考え，目的に応じた着用や個性を生かす着用を工夫できること。
 イ　日常着の計画的な活用を考え，適切な選択ができること。
 ウ　衣服材料に応じた日常着の適切な手入れと補修ができること。
(4) 室内環境の整備と住まい方について，次の事項を指導する。
 ア　家族が住まう空間としての住居の機能を知ること。
 イ　安全で快適な室内環境の整え方を知り，よりよい住まい方の工夫ができること。
(5) 食生活の課題と調理の応用について，次の事項を指導する。
 ア　自分の食生活に関心をもち，日常食や地域の食材を生かした調理の工夫ができること。
 イ　会食について課題をもち，計画を立てて実践できること。
(6) 簡単な衣服の製作について，次の事項を指導する。
 ア　日常の衣服に関心をもち，身体を覆う衣服の基本的な構成を知ること。
 イ　簡単な衣服の製作について課題をもち，計画を立てて製作できること。

B　家族と家庭生活
(1) 自分の成長と家族や家庭生活とのかかわりについて考えさせる。
(2) 幼児の発達と家族について，次の事項を指導する。
 ア　幼児の観察や遊び道具の製作を通して，幼児の遊びの意義について考えること。
 イ　幼児の心身の発達の特徴を知り，子どもが育つ環境としての家族の役割について考えること。
(3) 家庭と家族関係について，次の事項を指導する。
 ア　家庭や家族の基本的な機能を知り，家族関係をよりよくする方法を考えること。
 イ　家庭生活は地域の人々に支えられていることを知ること。
(4) 家庭生活と消費について，次の事項を指導する。
 ア　販売方法の特徴や消費者保護について知り，生活に必要な物資・サービスの

適切な選択，購入及び活用ができること。
　イ　自分の生活が環境に与える影響について考え，環境に配慮した消費生活を工夫すること。
(5) 幼児の生活と幼児との触れ合いについて，次の事項を指導する。
　ア　幼児の生活に関心をもち，課題をもって幼児の生活に役立つものをつくることができること。
　イ　幼児の心身の発達を考え，幼児との触れ合いやかかわり方の工夫ができること。
(6) 家庭生活と地域とのかかわりについて，次の事項を指導する。
　ア　地域の人々の生活に関心をもち，高齢者など地域の人々とかかわることができること。
　イ　環境や資源に配慮した生活の工夫について，課題をもって実践できること。

3　内容の取扱い

(1) 内容の「A　生活の自立と衣食住」については，次のとおり取り扱うものとする。
　ア　(1)のイについては，五大栄養素に関する基礎的な事項を扱うこと。また，水の働きについても触れること。(1)のウについては，食品群と食品群別摂取量の目安を扱う程度とすること。
　イ　(2)のアについては，調理実習で用いる生鮮食品の良否と加工食品の表示を扱うこと。(2)のイについては，魚，肉，野菜を中心として扱い，基礎的な題材を取り上げること。
　ウ　(3)のイについては，既製服の表示と選択に当たっての留意事項を扱うこと。
　エ　(4)のアについては，住空間の計画，平面図は扱わないこと。
　オ　(6)のイについては，生徒が活用できる日常着を扱うこと。なお，地域，学校及び生徒の実態等により，和服等の平面構成の基礎について扱うこともできること。
(2) 内容の「B　家族と家庭生活」については，次のとおり取り扱うものとする。
　ア　(1)，(2)及び(3)については相互に関連を図り，実習や観察，ロールプレイングなどの学習活動を中心とするよう留意すること。
　イ　(2)のイについては，幼児期における基本的な生活習慣の形成の重要性についても扱うこと。
　ウ　(4)のアについては，中学生にかかわりの深い販売方法を取り上げること。
　エ　(5)のイについては，幼稚園や保育所等で幼児との触れ合いができるよう留意すること。

第3 指導計画の作成と内容の取扱い

1 指導計画の作成に当たっては，次の事項に配慮するものとする。
(1) 技術分野及び家庭分野の授業時数については，3学年間を見通した全体的な指導計画に基づき，いずれかの分野に偏ることなく配当して履修させること。その際，技術分野の内容の「A　技術とものづくり」及び「B　情報とコンピュータ」並びに家庭分野の内容の「A　生活の自立と衣食住」及び「B　家族と家庭生活」それぞれの (1) から (4) の項目については，すべての生徒に履修させること。また，技術分野の内容の「A　技術とものづくり」及び「B　情報とコンピュータ」並びに家庭分野の内容の「A　生活の自立と衣食住」及び「B　家族と家庭生活」それぞれの (5) 及び (6) の項目については，各分野ごとに4項目のうち1又は2項目を選択して履修させること。
(2) 技術分野の内容の「A　技術とものづくり」及び「B　情報とコンピュータ」並びに家庭分野の内容の「A　生活の自立と衣食住」及び「B　家族と家庭生活」の各項目に配当する授業時数及び履修学年については，地域，学校及び生徒の実態等に応じて，各学校において適切に定めること。
(3) 各項目及び各項目に示す事項については，相互に有機的な関連を図り，総合的に展開されるよう適切な題材を設定して計画を作成すること。
2 各分野の内容の指導については，次の事項に配慮するものとする。
(1) 実践的・体験的な学習活動を中心とし，仕事の楽しさや完成の喜びを体得させるようにすること。
(2) 生徒が自分の生活に結び付けて学習できるよう，問題解決的な学習を充実すること。
3 実習の指導に当たっては，施設・設備の安全管理に配慮し，学習環境を整備するとともに，火気，用具，材料などの取扱いに注意して事故防止の指導を徹底し，安全と衛生に十分留意するものとする。
4 選択教科としての「技術・家庭」においては，生徒の特性等に応じ多様な学習活動が展開できるよう，第2の内容その他の内容で各学校が定めるものについて，課題学習，基礎的・基本的な知識と技術の定着を図るための補充的な学習，地域の実態に即したり各分野の内容を統合したりする発展的な学習などの学習活動を各学校において適切に工夫して取り扱うものとする。

4-4 [資料] 高等学校生徒指導要録に記載する事項等（抜粋）

○学籍に関する記録

学年当初及び異動の生じたときに記入する。

学年による教育課程の区分を設けない課程（以下「単位制による課程」という）の場合においては，生徒にかかる記録は，「年度」を単位として行う（指導に関する記録についても同様に取り扱う）。

1　生徒の氏名，性別，生年月日及び現住所

2　保護者の氏名及び現住所

3　入学前の経歴
高等学校に入学するまでの教育関係の略歴を記入する。なお，外国において受けた教育の実情なども記入する。

4　入学・編入学
（1）入学
校長が入学を許可した年月日を記入する。
（2）編入学
外国にある学校などから編入学した場合，過去に高等学校等に在学していた者などが入学した場合について，その年月日，学年等を記入する。また，単位制による課程の場合においては，当該生徒にかかる校長が定めた在学すべき期間を記入する。

5　転入学
他の高等学校等から転入学した生徒について，その年月日，学年，前に在学していた学校名，所在地，課程名，学科名等を記入する。また，単位制による課程の場合においては，当該生徒にかかる校長が定めた在学すべき期間を記入する。

6 転学・退学

　他の高等学校等に転学する場合には，転学先の学校が受け入れた年月日の前日を記入し，転学先の学校名，所在地，課程名，学科名，転入学年等を記入する。退学する場合には，校長が退学を認め，又は命じた年月日等を記入する。

7 留学等

　留学，休学について校長が許可した期間を記入する。留学の場合は，留学先の学校名，学年及び所在国名を記入する。

8 卒業

　校長が卒業を認定した年月日を記入する。

9 進学先・就職先等

　進学先の学校名及び所在地，就職先の事業所名及び所在地等を記入する。

10 学校名及び所在地，課程名・学科名

11 校長氏名印，ホームルーム担任者氏名印

　各年度に，校長の氏名，ホームルーム担任者の氏名を記入し，それぞれ押印する（同一年度内に校長又はホームルーム担任者が代わった場合には，その都度後任者の氏名を併記する）。

12 各教科・科目等の修得単位数の記録

　修得した各教科・科目等ごとに修得単位数の計を記入する。留学により認定された修得単位数がある場合には，適宜工夫して記入する。なお，転入学した生徒については，前に在学していた学校における修得単位数についても記入する。

○指導に関する記録

　単位制による課程の場合においては，各学校における単位制による課程の特色に相応した指導要録となるよう，例えば，各教科・科目等の学習の記録を，学期ごとに区分して記述するなど工夫する。

1　各教科・科目等の学習の記録
(1) 評定
　ア　各教科・科目の評定は，各教科・科目の学習についてそれぞれ5段階で表し，5段階の表示は，5，4，3，2，1とする。その表示は，高等学校学習指導要領に示す各教科・科目の目標に基づき，学校が地域や生徒の実態に即して設定した当該教科・科目の目標や内容に照らし，その実現状況を総括的に評価して，「十分満足できると判断されるもののうち，特に高い程度のもの」を5，「十分満足できると判断されるもの」を4，「おおむね満足できると判断されるもの」を3，「努力を要すると判断されるもの」を2，「努力を要すると判断されるもののうち，特に低い程度のもの」を1とする。
　イ　評定に当たっては，ペーパーテスト等による知識や技能のみの評価など一部の観点に偏した評定が行われることのないように，「関心・意欲・態度」，「思考・判断」，「技能・表現」，「知識・理解」の四つの観点による評価を十分踏まえながら評定を行っていくとともに，5段階の各段階の評定が個々の教師の主観に流れて客観性や信頼性を欠くことのないよう学校として留意する。その際，別添3に各教科の評価の観点及びその趣旨を示しているので，この観点を十分踏まえながらそれぞれの科目のねらいや特性を勘案して具体的な評価規準を設定するなど評価の在り方の工夫・改善を図ることが望まれる。
　ウ　学校設定教科に関する科目は，評定及び修得単位数を記入するが，当該教科・科目の目標や内容等から数値的な評価になじまない科目については，評定は行わず，学習の状況や成果などを踏まえて，総合所見及び指導上参考となる諸事項に所見等を記述するなど，評価の在り方等について工夫することが望まれる。
　エ　定時制又は通信制の課程に在学している生徒に対して，高等学校学習指導要領第1章第7款の4の規定により，大学入学資格検定合格科目を高等学校の各教科・科目の単位を修得したものとみなした場合は，修得単位数のみを記入する。また，高等学校学習指導要領第1章第7款の5の規定により，別科において修得した科目を高等学校の各教科・科目の単位を修得したものとみなした場合も，修得単位数のみを記入する。
(2) 修得単位数
　各教科・科目等について，修得を認定した単位数を記入する。評定が1のとき

は，単位の修得を認めない取扱いとする。

なお，単位制による課程の場合においては，過去に在学した高等学校において修得した教科・科目等及びその修得単位数等を記入する。

(3) 総合的な学習の時間

総合的な学習の時間における学習活動に対して，修得を認定した単位数を記入する。

(4) 留学

留学した生徒の外国の学校における学習の成果をもとに，校長が修得を認定した単位数を記入する。この場合，外国のカリキュラムを逐一，我が国の教科・科目と対比し，これらに置き換えて評価する必要はない。なお，外国の高等学校の発行する成績や在籍，科目履修に関する証明書又はその写しを添付する。

(5) その他

専門教育に関する各教科・科目の履修による必履修教科・科目の代替，学校間連携や学校外の学修等についての単位認定を行った場合など，履修上の特記事項等について記入する。

4-5 [資料] 中学校生徒指導要録に記載する事項等（抜粋）

○ 学籍に関する記録

原則として学齢簿の記載に基づき，学年当初及び異動の生じたときに記入する。

1　生徒の氏名，性別，生年月日及び現住所

2　保護者の氏名及び現住所

3　入学前の経歴

中学校に入学するまでの教育関係の略歴を記入する。なお，外国において受けた教育の実情なども記入する。

4　入学・編入学等
(1) 入学

生徒が第１学年に入学した年月日を記入する。
(2) 編入学等

第１学年の中途又は第２学年以上の学年に，外国にある学校などから編入学した場合，又は就学義務の猶予・免除の事由の消滅により就学義務が発生した場合について，その年月日，学年及び事由等を記入する。

5　転入学

他の中学校（中等教育学校の前期課程並びに盲学校，聾（ろう）学校及び養護学校の中学部を含む）から転校してきた生徒について，転入学年月日，転入学年，前に在学していた学校名，所在地及び転入学の事由等を記入する。

6　転学・退学等

他の中学校（中等教育学校の前期課程並びに盲学校，聾（ろう）学校及び養護学校の中学部を含む）に転学する場合には，そのために学校を去った年月日，転学先

の学校が受け入れた年月日の前日，転学先の学校名，所在地，転入学年及びその事由等を記入する。

　外国にある学校などに入るために退学する場合又は学齢（満 15 歳に達した日の属する学年の終わり）を超過している生徒の退学の場合には，校長が退学を認めた年月日及びその事由等を記入する。

　なお，就学義務の猶予・免除をする場合又は生徒の居所が 1 年以上不明である場合は，在学しない者として取り扱い，在学しない者と認めた年月日及びその事由等を記入する。

7　卒業
　校長が卒業を認定した年月日を記入する。

8　進学先・就職先等
　進学先の学校名及び所在地，就職先の事業所名及び所在地等を記入する。

9　学校名及び所在地

10　校長氏名印，学級担任者氏名印
　各年度に，校長の氏名，学級担任者の氏名を記入し，それぞれ押印する（同一年度内に校長又は学級担任者が代わった場合には，その都度後任者の氏名を併記する）。

○指導に関する記録

〔各教科の学習の記録〕
　観点別学習状況及び評定について記入する。

I　観点別学習状況
　中学校学習指導要領（平成 10 年文部省告示第 176 号）に示す各教科の目標に照らして，その実現状況を観点ごとに評価し，A，B，C の記号により記入する。この場合，「十分満足できると判断されるもの」を A，「おおむね満足できると判断さ

れるもの」をB,「努力を要すると判断されるもの」をCとする。

また,特に必要があれば,観点を追加して記入する。

各教科の評価の観点及びその趣旨並びにそれらを学年別,分野別に示したものは別添2-1のとおりである。各学校においては,評価が効果的に行われるようにするため,これらを参考として,評価規準の工夫・改善を図ることが望まれる。

選択教科については,生徒選択を基本とし,生徒の特性等に応じた多様な学習活動を展開するという趣旨が生かせるよう考慮して,学校が観点を設定し,記入する。

II 評定

各学年における各教科の学習の状況について,必修教科については,各教科別に中学校学習指導要領に示す目標に照らして,その実現状況を,選択教科については,この教科の特性を考慮して設定された目標に照らして,その実現状況を総括的に評価し,記入する。

必修教科の評定は,5段階で表し,5段階の表示は,5,4,3,2,1とする。その表示は,中学校学習指導要領に示す目標に照らして,「十分満足できると判断されるもののうち,特に高い程度のもの」を5,「十分満足できると判断されるもの」を4,「おおむね満足できると判断されるもの」を3,「努力を要すると判断されるもの」を2,「一層努力を要すると判断されるもの」を1とする。

選択教科の評定は,3段階で表し,3段階の表示は,A,B,Cとする。その表示は,それぞれ教科の特性を考慮して設定された目標に照らして,「十分満足できると判断されるもの」をA,「おおむね満足できると判断されるもの」をB,「努力を要すると判断されるもの」をCとする。

評定に当たっては,評定は各教科の学習の状況を総括的に評価するものであり,「I 観点別学習状況」において掲げられた観点は,分析的な評価を行うものとして,各教科の評定を行う場合において基本的な要素となるものであることに十分留意することが望まれる。その際,観点別学習状況の評価を,どのように評定に総括するかの具体的な方法等については,各学校において工夫することが望まれる。

4-6 [資料] 情報科教育法Ⅰ・Ⅱの授業概要

① 情報科教育法Ⅰ

　情報教育の在り方について論じ，普通教科「情報」及び専門教科「情報」の新設の経緯と趣旨について述べる。次に，情報教育の中での教科「情報」の位置付けを行い，教科「情報」の目標及び科目編成などについて解説し，その指導法について考察する。特に，問題解決の考え方の導入に際しては情報教育の展開の上で重要であることを示し，年間指導計画の作成や実習の取り扱いなどにも十分言及し，情報科教育に関わる方法論を中心に講義する。

（例）

① ガイダンス及び情報教育の歴史的経緯
② 情報教育の在り方及び情報教育の目標
③ 教科「情報」の新設の趣旨と意義
④ 普通教科「情報」と専門教科「情報」
⑤ 普通教科「情報」の目標と科目構成
⑥ 専門教科「情報」の目標と科目構成
⑦ 実習の取り扱い
⑧ 学習評価と授業改善1：評価の考え方（評価の必要性や基準など）
⑨ 学習評価と授業改善2：評価の方法（学習成果の評価，教授・学習課程の評価など）
⑩ 年間指導計画の作成1：情報Aを対象にして
⑪ 年間指導計画の作成2：情報Bを対象にして
⑫ 年間指導計画の作成3：情報Cを対象にして
⑬ 情報手段の活用1：授業展開の視点から
⑭ 情報手段の活用2：授業評価の視点から
⑮ まとめ

② **情報科教育法Ⅱ**

　専門教科「情報」の各科目の性格について述べ，各科目の内容とその取り扱いについて説明する。次に，教科の目標を達成するために，取り扱う題材について十分な吟味を行い，その教材化について考察を行う。特に，教科内容の展開については，問題解決を考慮に入れた内容の展開，実習の有効的活用，情報手段の活用，理解定着・自己学習力育成の実習について具体的に考察し，情報科教育に関わる内容論を中心に講義する。

> (例)
> ① ガイダンス
> ② 普通教科「情報」と専門教科「情報」の内容比較1
> ③ 普通教科「情報」と専門教科「情報」の内容比較2
> ④ 普通教科「情報」と専門教科「情報」の内容比較3
> ⑤ 問題解決1：問題解決の目的・ねらい
> ⑥ 問題解決2：問題解決の内容
> ⑦ 問題解決3：問題解決の実際と演習での位置付け
> ⑧ 教科「情報」における実習の役割1：実習の目的と座学との連携
> ⑨ 教科「情報」における実習の役割2：実習の位置付け
> ⑩ 課題（題材）の検討1：課題選択の観点
> ⑪ 課題（題材）の検討2：課題の発想と選択
> ⑫ 課題（題材）の検討3：課題の教材化
> ⑬ 情報手段の活用1：教材化の視点から
> ⑭ 情報手段の活用2：情報教育支援環境の視点から
> ⑮ まとめ

索　引

■英字
EDSAC …………………………………111
e-Learning …………………………122, 126
ENIAC …………………………………110
ENIAC と ABC ………………………110
FFC ……………………………………126
MOC ……………………………………126
TD ………………………………………127
TI ………………………………………127
WBL ……………………………………122
WBL のプラットホーム ………………126
WBT ……………………………………122
WebCT …………………………………126

■あ
アナログ ………………………………128
アナログとディジタル ………………128
アナログとディジタルの相対性 ……130
アルゴリズム …………………………48, 49
暗号・暗号方式 ………………………82
アントレプレナー ……………………114
違法・有害情報 ………………………78

■か
学習評価 ………………………………90
確認のための情報 ……………………62
課題研究 ………………………………48, 49
科目構成 ………………………………33
関心・意欲・態度 ……………………84
技術・家庭科 …………………………29
軌道修正 ………………………………117
技能・表現 ……………………………85
教育課程審議会答申 …………18, 21, 34
教科「情報」……………………………10, 32
教科「情報」新設の経緯 ……………19
教科「情報」の概要 …………………10
教授・学習課程の評価 ………………91
共通鍵暗号方式 ………………………82
研修機会 ………………………………99
公開鍵暗号方式 ………………………82
工業社会 ………………………………112
肯定側応答 ……………………………138
肯定側質疑 ……………………………138
肯定側反駁 ……………………………138
肯定側立論 ……………………………138
高等学校生徒指導要録 ………………87
個人情報 ………………………………72
個人情報の保護 ………………………73
コンピュータウィルス ………………79
コンピュータウィルス対策 …………79
コンピュータデザイン ………………48, 50
コンピュータ犯罪 ……………………79

■さ
シーケンス制御 ………………………119
思考・判断 ……………………………85
事実とは ………………………………107
実習の取扱い …………………………94
実習の役割 ……………………………94
指導力向上 ……………………………98
社会の情報化 …………………………112
授業改善 ………………………………91
授業分析と授業改善 …………………92
小学校における情報教育 ……………26
情報A …………………………………10, 38
「情報A」における問題解決の流れ …56
情報A の内容 …………………………40
情報A の目標 …………………………39
情報B …………………………………11, 38
情報B の内容 …………………………40
情報B の目標 …………………………39
情報C …………………………………11, 39
情報C の内容 …………………………40
情報C の目標 …………………………40
情報教育の目標 ………………………23
情報活用能力との関係 ………………27
情報活用の実践力 ……………………23
情報化に対応した教員 ………………98
情報教育 ………………………………16
情報教育の在り方 ……………………22
情報教育の体系 ………………………24
情報産業と社会 ………………………48, 49
情報システムの開発 …………………48, 50
情報実習 ………………………………48, 49
情報社会 ………………………………112
情報社会に参画する態度 ……………24
情報手段の活用 ………………………27
情報とコンピュータ …………………29
情報と表現 ……………………………48, 49
情報の安定的考察 ……………………60
情報の科学的な理解 …………………24

情報の確認 …………………………………62
情報の各分野 ………………………………45
情報の定量化 ………………………………62
情報の定量的考察 …………………………62
情報の本質 …………………………………60
情報量の定義 ………………………………65
職業に関する各教科・科目 ………………34
情報操作 ……………………………………74
新「情報教育に関する手引」……22, 26, 27
図形と画像の処理 ……………………48, 51
世界初のガソリン自動車 ………………111
世界初のコンピュータ …………………110
セキュリティ対策 ……………………79, 81
専門教科「情報」………………10, 32, 34, 47
専門教科「情報」の設定 …………………35
専門教科「情報」の目標 ……………45, 46

■た
正しい情報 ………………………………104
知識・理解 …………………………………85
知的所有権 …………………………………75
中央教育審議会第一次答申 ………………20
中学校生徒指導要録 ………………………87
中学校における情報教育 ……………26, 55
中学校における問題解決の例示 …………55
著作権 ………………………………………75
著作権隣接権 ………………………………77
著作者人格権 ………………………………76
著作物 ………………………………………75
ティーム・ティーチング ………………100
ディジタル ………………………………128
ディベート ………………………………136
データと情報 ……………………………105
データと情報の相違点 …………………107
データの意味 ……………………………106
電子アンケート …………………………125
電子映像 …………………………………125
電子出席調査 ……………………………123
電子小テスト ……………………………125
電子署名 ……………………………………83
電子シラバス ……………………………125
電子透かし …………………………………83
電子討論 …………………………………125
電子認証 ……………………………………82
電子レジュメ ……………………………125
電子レポート ……………………………124
電子連絡版 ………………………………125
答申 …………………………………………16

■な
内容構成 ……………………………………33
ネットワークシステム ………………48, 50
年間指導計画 ………………………………95
年間指導計画（略案）……………………96

■は
否定側応答 ………………………………138
否定側質疑 ………………………………138
否定側反駁 ………………………………138
否定側立論 ………………………………138
評価 …………………………………………84
評価規準 ……………………………………88
評価の観点 …………………………………84
ファイアウォール …………………………83
フィードバック制御 ……………………119
不正アクセス ………………………………80
不正アクセス対策 …………………………80
普通教科「情報」………………………10, 32
普通教科「情報」の各科目 ………………39
普通教科「情報」の科目編成 ……………38
普通教科「情報」の目標 …………………37

■ま
マルチメディア ……………………………66
マルチメディアの概念 …………………66, 68
マルチメディアの情報量 …………………69
マルチメディア表現 ………………………48
メディアの概念 ……………………………67
メディアの情報量 …………………………70
メディアリテラシー ……………………132
マルチメディア表現 ………………………51
モデル化とシミュレーション ………48, 50
求められる指導力 …………………………98
問題解決 ……………………………52, 114
問題解決の学習 ……………………………54
問題解決の9段階 …………………………54
問題解決のプロセス ………………………53
問題の解決策を考える ……………………57
問題を調べる ………………………………57
問題を見つける ……………………………57

■や
ユーザ認証 …………………………………81

■ら
リアルとバーチャル ……………………113
臨時教育審議会 ………………………17, 18

索　引　183

■ 著者略歴
松原 伸一（まつばら しんいち）
慶應義塾大学大学院工学研究科修士課程修了。
慶應義塾大学大学院工学研究科博士課程中退後，長崎大学講師，助教授，滋賀大学助教授を経て，現在，滋賀大学教授。
専門は，教育情報工学，情報教育学。
主な著書：
「ディジタル社会の情報教育〜情報教育を志す人のために」（単著）開隆堂，「学びたい人のための情報活用基礎講座」（編著，共著）ブレーン出版，「大学授業の技法」（共著）有斐閣など。

編集協力　ペンの事務所
表紙デザイン　高木デザイン事務所

情報科教育研究 I
情報科教育法

初版発行／2003年3月10日
著作者／松原　伸一
発行者／開隆堂出版株式会社
　　　　代表者　中村　周子
　　　　東京都文京区向丘1丁目13番1号
印刷所／共同印刷株式会社
　　　　東京都文京区小石川4丁目14番12号
発行所／開隆堂出版株式会社
　　　　東京都文京区向丘1丁目13番1号
　　　　電話 (03)5684-6111
　　　　http://www.kairyudo.co.jp

定価はカバーに表示してあります。

本書の内容を，無断で転載または複製することは，著作者および出版社の権利の侵害となりますので，かたく禁じます。